JN025340

ROLAND ENGLISH

~心に刺さる名言で英語を学ぶ~

監修 **ROLAND**

英語監修 田中茂範

日本文芸社

Only two kinds of men exist:
Me and who else.

世の中には2種類の男しかいない。俺か、俺以外か。

Prologue

まず最初に、この本を手に取ってくださった皆様、
本当にありがとうございます。
ローランドです。

水商売を経て、現在8つの会社を抱える実業家として日々仕事をさせて
頂いている中で、語学の必要性を実感する機会が少しずつ増えてきました。

2年前、スパークリングワインの輸入事業を始めるにあたって
ドバイで契約事項の確認をするという場面がありました。

その中で僕は通訳の方と一緒に契約の場に行ったのですが、
英語圏以外の国の方たちも含め通訳を連れていたのは僕だけでした。

その時に、今まで英語を勉強してこなかった自分を恥じたと共に、
言葉の壁というものを感じました。特に自分自身水商売という、
コミュニケーションが何よりも重要視される仕事をしていた分、
言葉が通じないというのは非常に悔しい経験でした。

ジョークを言うにしても、それをダイレクトに言葉として伝えるか、
それとも通訳を介して伝えるかでは、伝わり方がまったく違います。

あらゆるコミュニケーションの場面で
(もしそれが契約の場というフォーマルな空間であったとしても)、
ユーモアとジョークを最優先にして距離感を縮めていくスタイルの僕にとって、
それは非常にもどかしい空間でした。

そんな悔しさも帰国すれば薄まるもので、
語学学習をやろうやろうと思いながら、
時間がないと言い訳をして2021年を迎えてしまいました。

ですが、時間は出来るものではなく作るもの。

そしてもうワンランク上の経営者となるためにも今やらなくてはいけない、
そう思い今年から本格的に語学を学習し始めました。

ドバイで僕が感じた「あの時」英語やっておけば良かったな……
と感じた「あの時」は、皆様にとって「今」なのかもしれません。

後悔しないよう、僕も頑張るつもりです。

皆様もこの本を機に頑張ってみませんか？

ROLAND

Contents

Part 1 揺るぎない自信で世界を変える

── 主語・動詞など英語の基礎を学び、土台固めを

Part 2 ひと匙のロマンを胸に

── 受動態・仮定法などさまざまな表現を身につける

Part 3 人生の主役は自分

—— 関係代名詞を筆頭に、一歩先ゆく英文法を学習

Part 4 悔しさを燃料に、その先へ

—— 人生のあらゆるシーンで役立つ粋な表現をマスター

Part 5 　そして、夢を叶え続ける
—— 助動詞や定型表現で、思いを自在に伝えるための総仕上げを

Epilogue

本書は、ローランドがこれまで発信してきた数々の名言を味わいつつ、英文法や英会話を学ぶことができる贅沢な参考書。70の名言をテーマごとに5つのPartに分けて掲載しています。

さらに各Part内では、1つの名言に対し見開き2ページを使って、英訳やそこに含まれる文法、読み解き方などを徹底解説。例文や関連コラムも添えて、ローランドの名言に勇気をもらいつつ、しっかり英語力も磨けるような構成になっています。

本文の構成

❶ ── ローランドの名言とその英訳

❷ ── ❶の英文から学ぶ文法または定型文

❸ ── ❶の英文を読み解くためのヒント。英訳名言をより深く味わえるよう、熟語や定型文、決まり文句などについて解説しながら、英文の読み解き方を解説。

❹ ── ❶で学んだ文法や定型文を使った例文

❺ ── ❶と同様の文法や定型文で構成されるローランドの名言を、もうひとつ紹介

❻ ── もっと英語を楽しむためのコラム

揺るぎない自信で世界を変える

Changing the World with Unshakable Self-Confidence

「パーフェクト」という言葉は
俺のためにある。

The word "Perfect" exists to describe only me.

▶word：言葉、単語　▶exist：存在する　▶describe：説明する

ROLAND's Wordsから学ぶ文法・構文

主語

基本的に英語の文は**主語**で始まります。主語とは「何が」「誰が」を表すものです。主語になるのは「人」「もの」「こと」を表す名詞や代名詞で、1単語のこともあれば、いくつかの単語が集まったものであることもあります。
〔**ROLAND's Words 1**〕の主語は、The word "Perfect"「『パーフェクト』という言葉」です。

<u>The word "Perfect"</u>　exists　for　～

↑

主語

日本語の主語は「～は（が）」という助詞で判断することが多く、語順はあまり関係ありません。しかし、英語は語順がとても重要。多くの場合、「主語」が最初に置かれます。

◎「言葉」という意味を表す単語には、word や term があります。word は伝達の手段としての言葉全般を、term は専門用語など特定の言葉を指すことが多いことから、ここでは word を使いました。

◎ to describe only me で「俺だけのことを説明するために」。

例文 / Example Sentences

ROLAND will expand his business activities.

ローランドは事業を拡大するだろう。

▶expand：拡大する
▶business activity：営業活動

Watching YouTube is exciting.

ユーチューブを観るのはわくわくする。

What my father said at the bar is true.

父がバーで言ったことは本当だ。

More words from ROLAND

自分を大切にできないヤツは、
人を大切にできない。

You can't take good care of others,
if you can't take care of yourself.

▶take good care of ～：～を大切にする　▶others：他のもの、他の人

---

column 英語ではまず「主語」を考える

日本語を英語にする時にまず必要なのは、「主語が何か」を考えることです。私たちが普段話している日本語は、主語が省略されることがとても多い言語です。

「昨日あの映画を観たんだけど、すごくよかった。あれ観た？」

ここには主語が明示されていませんが、ちゃんと意味はわかりますよね。

でも、英文には主語が必要です。そのため、上の文を英語にする場合、隠れている主語を表に出さなければなりません。映画を観た人は「私」、良かったのは「映画」、観た？と聞かれているのは「あなた」なので、次のようになります。

I saw that movie yesterday. It was good. Did you see it?

It は最初の文の that movie を指します。

英訳する時には、まず「主語は何か」と考える癖をつけましょう。

ローランドを構成する３つの要素は、
自信、プライド、愛情。

The three basic elements that form ROLAND are Confidence, Pride and Love.

▶basic：基本的な　▶element：要素
▶form：形作る　▶confidence：自信

ROLAND's Wordsから学ぶ文法・構文

be動詞

〔**ROLAND's Words 2**〕に登場するareなどを**be動詞**といいます。be動詞は日本語の文章の述語にあたるもので、「主語」と「主語を説明する言葉」をイコールで結ぶ役割があります。

I	am	ROLAND.
↑	↑	↑
主語	be動詞	主語を説明する言葉

私 ＝＝＝＝＝＝ ローランド

be動詞は、主語が「私」（１人称）か「あなた」（２人称）か「それ以外」（３人称）か、そして人数が１人（単数）か２人以上（複数）かで語形が変わります（右ページ参照）。

be動詞には、上で説明したように、単独で使用して「〜である」という意味を表すほか、他の動詞と組み合わせて進行形（→p.112）や受動態（→p.54）を作る助動詞としての役割もあります。

◎be動詞は、主語によって次のように使い分けます。

		単数		複数	
		主語	be動詞	主語	be動詞
現在形	1人称	I	am	We	are
	2人称	You	are	You	are
	3人称	He / She / It	is	They	are
過去形	1人称	I	was	We	were
	2人称	You	were	You	were
	3人称	He / She / It	was	They	were

例文 / Example Sentences

Did you call me?　I am the man you are looking for.

呼んだ？　俺こそがあなたの求めている男だよ。

The woman standing next to me is my secretary.

俺の隣に立っている女性が秘書だ。

We are the best buddies.　　　　　　　　▶buddy：仲間、相棒

俺たちは最高のコンビだ！

---

column　どうしたら自信が持てる？

ローランドを構成する要素のひとつ、confidence「自信」はどうやったら持てるのでしょう。ローランドの名言の中に、ちゃんとヒントがありました！

「ストイックな筋トレも食事制限も頑張れるのは、
『俺に嫌われたくない』という思いがあるから。
自分を好きでないと自信って持てないよ」

The reason why
I can put up with hard workouts and a strict diet is
because I don't want to hate myself.
I can't be self-confident if I don't like myself.

　　　　　▶put up with ～：～に耐える　▶workout：トレーニング
　　　　　　　▶strict：厳しい　▶self-confident：自信のある

「しぐさで自信があるように見せていくと、しぐさと気持ちはリンクしているから、だんだん自信も出てくるものだ」

If you act like you are confident in what you do,
you will be confident.
Acts and emotions are linked together.

　　　　　　　▶confident：自信に満ちた　▶emotion：感情

俺はただ生きていること自体が
社会奉仕なんだ。

For me,
living means serving society.

▶ serving society：社会奉仕

ROLAND's Wordsから学ぶ文法・構文
一般動詞

run「走る」、eat「食べる」など、動作や状態を表す動詞を**一般動詞**と呼びます。be動詞（→p.12）以外の動詞、と覚えておくとよいでしょう。便宜上、be動詞と区別して**一般動詞**と呼んでいますが、単に「動詞」という場合は一般動詞のことを指します。

living <u>means</u> serving society
↑
一般動詞

一般動詞は、主語や時制に応じて変化します。例として、過去を表す「過去形」や、完了や受け身を表す「過去分詞形」などがあります。さらに、動詞によって変化の仕方が規則的なものと不規則なものとに分かれます。

原形	過去形	過去分詞形
規則変化 play	play**ed**	play**ed**
不規則変化 eat	ate	eaten

訳のヒント／Tips for Translating

living「生きていること」と、serving society「社会奉仕」のservingは、どちらも動名詞。「意味する」という意味の動詞meanによってイコールでつながれ、living means serving society「生きていること自体が社会奉仕を意味する」→「生きていること自体が社会奉仕なんだ」となります。

例文／Example Sentences

I take a walk every morning.　私は毎朝散歩する。

Point

不規則変化	**take – took – taken**	
	原形　過去形　過去分詞形	

Bill went to Hong Kong two years ago.　ビルは2年前に香港へ行った。

Point

不規則変化	**go – went – gone**	
	原形　過去形　過去分詞形	

The video has been released.　その動画がリリースされた。

Point

規則変化	**release – released - released**	
	原形　　　　過去形　　　過去分詞形	

column　主語による動詞の変化─3単現

be動詞が主語によって変化するように、一般動詞も主語が「3単現」の場合に変化します。3単現とは、「3人称・単数・現在形」のこと。この3つの条件がそろった時に、動詞の語尾にs（es）をつけます。

　　3人称とは……I（私・1人称）とyou（あなた・2人称）以外
　　単数とは………1人（個）
　　現在形とは……現在を表す
次の文の主語であるROLANDは3単現にあてはまるので、動詞は love → loves になります。

ROLAND loves everyone.　ローランドはみんなを愛してる。

4

世の中には2種類の男しかいない。
俺か、俺以外か。

Only two kinds of men exist:
Me and who else.

▶ two kinds of 〜：2種類の〜
▶ exist：存在する　▶ who else：他の誰か

ROLAND's Words から学ぶ文法・構文

代名詞

〔ROLAND's Words 4〕にある me を**代名詞**といいます。**代名詞**とは、具体的な名詞の代わりをする語句のこと。文章や会話の中で一度登場した名詞（人やもの）を言い換える時にも使われます。

人やものを表す**代名詞**には、「主格」（〜は／〜が）、「所有格」（〜の）、「目的格」（〜に／〜を）、「所有代名詞」（〜のもの）があります。

◎ 代名詞の変化形

	主格（〜は／〜が）	所有格（〜の）	目的格（〜に／〜を）	所有代名詞（〜のもの）
私	I	my	me	mine
あなた	you	your	you	yours
彼	he	his	him	his
彼女	she	her	her	hers
それ	it	its	it	―
私たち	we	our	us	ours
あなたたち	you	your	you	yours
彼ら	they	their	them	theirs

例えば「俺（私）」の場合は、次のように変化します。

俺が走る	→	I run
俺のポリシー	→	my policy
俺にちょうだい	→	Give it to me
君は俺のもの	→	You are mine

代名詞には、左の表以外に、this（これ）、that（あれ）、などもあります。

訳のヒント／Tips for Translating

kindは「優しい」という意味がポピュラーですが、「種類」という意味合いもあります。Only two kinds of men existで「2種類の男だけが存在する」。「俺以外は皆同じだ」という印象を与えています。

例文／Example Sentences

He is ROLAND. 主格

彼はローランドだ。

Roland takes good care of his mom. 所有格

ローランドは(彼の)お母さんを大切にしている。

People admire him. 目的格　　　　　　　　　　▶admire：尊敬する

人々は彼を尊敬している。

This pair of sunglasses is mine. 所有代名詞
　　　　　　　　　　　　　　　　　　　　　▶pair of ～：1組の～
このサングラスは私のものです。▶sunglasses：サングラス（グラスが2枚あるので複数形）

---

column kind ―「親切」と「種類」

〔ROLAND's Words 4〕に登場したkindには、「親切な」と「種類」というまったく違う意味があります。

【親切な】 **You are so kind!**
　　　　　あなたとても親切ね！

【種　類】 **What kind of ice cream do you like?**
　　　　　どんな(種類の)アイスクリームが好き？

　　　　　― **Vanilla ice cream!**
　　　　　　バニラアイス！

また、a kind of ～で「～の種類」「一種の～」という意味になります。

He is a kind of nerd. 彼は一種のおたくだ。

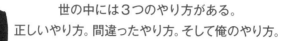

ROLAND's Words 5

世の中には３つのやり方がある。
正しいやり方。間違ったやり方。そして俺のやり方。

There are three ways in the world: the right way, the wrong way and MY way.

▶right：正しい

ROLAND's Words から学ぶ文法・構文

There is (are) 〜の文

〈**There ＋ be動詞 〜**〉で「〜がある（いる）」という意味の文になります。「〜」には名詞が入り、この名詞が意味上の主語になります。意味上の主語が単数か複数か、また、話の内容が現在のことか過去のことによって、be動詞（→p.12）の形が決まります。

現 在

名詞の数 → 単数 **There is a glass on the table.**

└─ グラスは1つ・現在の話
テーブルの上に**1つ**のグラスが**あります**。

名詞の数 → 複数 **There are five glasses on the table.**

└─ グラスは複数（5つ）・現在の話
テーブルの上に**5つ**のグラスが**あります**。

ROLAND ENGLISH

018

過 去

名詞の数

→ 単数 **There was a glass on the table.**

⌐ グラスは1つ・過去の話

テーブルの上に<u>1つのグラスがありました</u>。

→ 複数 **There were five glasses on the table.**

⌐ グラスは複数（5つ）・過去の話

テーブルの上に<u>5つのグラスがありました</u>。

〔ROLAND's Words5〕では、three ways「3つのやり方」（複数）が意味上の主語です。また、話題は現在のことなので be動詞は are となり、There are ～の形で話題を展開します。

訳のヒント／Tips for Translating

◎ 文頭でない限り my は小文字で表しますが、ここでは、あえて "MY" と大文字にして、「俺の」という確固たる自信を表しています。

◎「：」（コロン）は、関連する項目を「これから続けて列挙します」という意味合いで使われています。

例文／Example Sentences

<u>There is</u> a yellow Ferrari on the street.

通りに黄色いフェラーリが停まっている。

<u>There are</u> many quotes in this book
which have touched my heart.　　　　　　　　　▶quote：名言

この本には、多くの心を打つ名言が載っている（ある）。

<u>There were</u> some people playing soccer at that time.

その時サッカーをしている人たちがいた。

More words from ROLAND

前例がなければ作ればいい。

If <u>there is</u> no precedent, just make one up.

▶precedent：前例　▶make up：作る、作り上げる

歌舞伎町と横浜の違い、分かる？
俺がいるか、いないか。

Do you know the difference between Kabukicho and Yokohama? The answer is simple: if I am there or not.

▶ difference：違い

ROLAND's Wordsから学ぶ文法・構文

Yes / No疑問文

Yes / No疑問文とは、YesかNoかを問う疑問文のことで、次のような語順で質問します。

一般動詞・助動詞の場合
文頭にDo、Does、Didや助動詞を置き、動詞は原形にします。

一般動詞 現在形	**Do** **Does**		
一般動詞 過去形	**Did**	+ 主語 +	動詞の原形 **?**
助動詞	**Will** など		

一般動詞の現在形の疑問文では、主語がIやyou、複数の場合は**Do**を、3人称単数（→p.15）（I、you以外で1人）の場合は**Does**を使います。

be動詞の場合

主語とbe動詞をひっくり返すだけです。

訳のヒント / Tips for Translating

◎ difference between A and B で「A と B の間の違い」。

◎ もとの名言は Yes / No 疑問文ですが、答えを期待している会話ではないため、Yes / No の答えは省略しています。また、言葉の意図を汲み取り、The answer is simple「答えは簡単だ」という1文を加えています。

◎ there は Kabukicho または Yokohama を指します。

例文 / Example Sentences

<u>Do</u> you like English?　– Yes, I do.

英語好き？　―はい、好きです。

<u>Does</u> ROLAND often go to Maihama?　– Yes, he does.

ローランドは舞浜によく行くの？　―はい、彼はよく行きます。

<u>Will</u> you go to the movie?　– No, I won't.

映画を観に行くつもり？　―いいえ、行くつもりはありません。

<u>Are</u> you an entrepreneur?　– No, I'm not.

あなたは起業家ですか？　―いいえ、違います。　　　　▶ entrepreneur：起業家

---

column　2つのものの間を表す "between"

betweenは「2つのものの間に」という意味の前置詞。〔**ROLAND's Words 6**〕にも the difference <u>between</u> Kabukicho <u>and</u> Yokohama「歌舞伎町と横浜の違い」という表現が出てきます。「～の間に」という意味の前置詞には他に amongがありますが、こちらは3つ以上のものの間という場合に使います。

俺は、何のために生まれてきたのか？
人から必要とされて、
脚光を浴び、熱狂させるためだ。

Why was I even born?
To be needed by others,
to shine in the spotlight and
to have people go crazy over me.

▶even：そもそも　▶go crazy over ～：～に熱狂する

ROLAND's Words から学ぶ文法・構文

WH疑問文

WH疑問文とは、When「いつ」、Where「どこ」、Who「だれ」・Whose「だれの」、What「何」、Why「なぜ」、How「どう」の5W1Hや、Which「どれ」などの疑問詞を文頭に置いて、相手に具体的な情報を尋ねる疑問文です。

疑問詞	+	Yes / No疑問文

（主語を尋ねる場合以外）

Why
なぜ？

was I even born?
私はそもそも生まれたのか？

WH疑問文に答える時は、求められている情報を伝えます。例えば、When is your birthday?「あなたの誕生日はいつ？」と質問されたら、(It's) July 27th.「7月27日だよ」と答えます。

◎「～される」という受け身の動作を表す文体を受動態といい、〈be動詞＋過去分詞〉の形で表現します（→p.54）。この文には2つの受動態が含まれます。1つ目はwas born「生まれた」です。bornの原形はbear「生む」ですが、人はお腹から「生み出される」ため、受動態be bornの形になります。2つ目は、need「必要である」の受動態be needed「必要とされる」です。

◎evenには「そもそも」という意味があり、「何のために生まれてきたのか」という問いに深みを与えています。

◎to不定詞（to＋動詞の原形、→p.28）で「～するために」。ここではto be needed「必要とされるために」、to shine「輝くために」、to have people go crazy over「人々を熱狂させるために」と3つの不定詞が使われています。

例文／Example Sentences

Where do you live? どこに住んでる？

Who did you meet? 誰に会った？

Whose is this mug? このマグカップ、誰の？

What time is it now? 今何時？

Why did you go there? どうしてそこへ行ったの？

How do you like it? どう思う？

Which do you like better? どれが好き？

column 質問に答えにくい場合は…

whoやwhat、whenやwhereを使った質問は比較的答えやすいものの、howやwhyを使った質問は、返答に困る場合もあるのではないでしょうか。そんな時はこんな表現を使うのがスマートです。

It's hard to explain.
説明するのが難しい。

I don't know how to answer, but…
どう答えたらいいのかわからないけど…

That's a difficult question.
それは難しい問題だ。

Let me think about it.
考えさせてください。

8

俺、来た道は戻らないから覚える必要ない。
未来に突き進むだけだから。

**I don't have to remember
the way back because
I don't plan on returning.
In the future
I only plan to go forward.**

▶way back：帰り道　▶plan on 〜：〜するつもりだ　▶forward：前方へ

ROLAND's Words から学ぶ文法・構文
have to 〜「〜しなければならない」

have to 〜「〜しなければならない」は、must（→p.136）とほぼ同じ意味です。厳密には、must は「何がなんでもしなければならない」、have to は「それをする必要があるのでしなければならない」という違いがあります。
〔**ROLAND's Words 8**〕では、I don't have to remember と否定形になっているので、「覚える必要はない」という意味になります。

	強制力	
have to	<	**must**
（必要があるので） しなければならない		（何がなんでも） しなければならない

not have to		**must not**
〜する必要はない		〜してはいけない

『ROLAND ENGLISH ～心に刺さる名言で英語を学ぶ～』お詫びと訂正

本書にて、下記の通り誤りがございました。
ここにお詫びして訂正させて頂きます。

箇所	誤	正
p.25	見出し More words from ROLAND の文字と不要な文字の重なり	More words from ROLANDのみの表記

【ご参考】誌面は正しくは下記の通りとなります。

More words from ROLAND

出来るか出来ないか悩んだら、出来ると思ってやってみろ。

If you <u>have to</u> pick one from whether you can or can't, just believe in yourself and go ahead and do it.

直訳 　もし、君ができるかできないかのどちらか1つを選ばなければならないというなら、
ただ自分を信じて、前へ進み、それをやるだけだ。

上の英文を分解して見てみよう！

If you have to pick one
→pick は「選びとる」。〔訳〕もし、あなたが1つを選ばなければならないなら

from whether you can or can't
→whether は「～か、または…か」。〔訳〕あなたができるか、できないかから

just believe in yourself
→believe in oneself は「～自身を信じる」。oneself は代名詞の一種で、myself「私自身」、yourself「あなた自身」などと変化する。believe in yourself は「あなた自身を信じる」。〔訳〕ただ、自分を信じて

and go ahead and do it
→ahead は「前方へ」「将来に向かって」。it はあなたがしようとしていることを指す。〔訳〕そして、前進し、それをする

| have | + | to | + | 動詞の原形 | ~しなければならない |

| I | have | | to | | remember |

例文 / Example Sentences

I have to go to school tomorrow.
明日学校に行かないといけない。

ROLAND did all I had to do.
私がしなければならなかったすべてのことをローランドがしてくれた。

You don't have to dress up,
but you must not wear casual clothes.
正装する必要はないが、カジュアルな服装はだめだよ。

► way back：後方へ／後ろへ　forward：前方へ

More words from ROLAND

出来るか出来ないか悩んだら、出来ると思ってやってみろ。

If you have to pick one from whether you can or can't, just believe in yourself and go ahead and do it.

| 直訳 | もし、君ができるかできないかのどちらか1つを
選ばなければならないというなら、
ただ自分を信じて、前へ進み、それをやるだけだ。

上の英文を分解して見てみよう！

If you have to pick one
→pickは「選びとる」。〔訳〕もし、あなたが1つを選ばなければならないなら

from whether you can or can't
→whetherは「～か、または…か」。〔訳〕あなたができるか、できないかから

just believe in yourself
→believe in oneselfは「～自身を信じる」。oneselfは代名詞の一種で、myself「私自身」、yourself「あなた自身」などと変化する。believe in yourselfは「あなた自身を信じる」。〔訳〕ただ、自分を信じて

and go ahead and do it
→aheadは「前方へ」「将来に向かって」。itはあなたがしようとしていることを指す。〔訳〕そして、前進し、それをする

ライバルって
どこに売ってるか教えてくれない？

Can you tell me
where I can find my rivals?

ROLAND's Wordsから学ぶ文法・構文
依頼文 Can you 〜?

Can you 〜? は「〜してくれる？」というカジュアルな依頼の表現です。
Can を Could に代えて **Could you 〜?** とすると「〜していただけません
か？」という丁寧な依頼文になり、先生や上司など目上の人に対しても使
うことができます。この場合の could は、丁寧な依頼をしたり、許可を求
めたりする際に使う助動詞で、過去を表しているわけではありません。

◎「どこに売っているか」は「どこで見つけられるか」として、findを使っています。見つけるのは「俺」なので主語はIとなり、where I can findとなります。

◎〈場所を表す名詞＋where＋主語＋動詞〉とすると、先に出てくる場所を表す名詞について、後から「その場所は、（主語）が〜するところ」と説明を捕捉することができます（→p.122 関係副詞）。〔ROLAND's Words 9〕では「漠然とした場所」を示すthe place「場所」が省略されていて、(the place) where I can find my rivalsを直訳すると「俺がライバルを見つけられる場所」となります。

Can you give me champagne?

俺にシャンパンくれる？

Can you teach me Korean?

韓国語を教えてくれる？

Could you wake me up tomorrow morning?

明日の朝、私を起こしていただけませんか？

---

column　お願いする表現はどう使い分ける？

人に依頼する時に使う表現には、Can you 〜？やCould you 〜？のほかに、Will you 〜？やWould you 〜？があります。同じ依頼表現でも若干ニュアンスが異なり、canは相手に「可能」かどうかを尋ねる場合、willは相手の「意志」がどうなのかを尋ねる場合に使います。

❶くだけた表現「ドアを開けてもらえる？」

Can you open the door?	→	相手に可能性を尋ねる
Will you open the door?	→	相手の意志を尋ねる

❷丁寧な表現「ドアを開けていただけませんか？」

Could you open the door?	→	相手を選ばず最も無難に使える
Would you open the door?	→	「どうか〜してほしい」という気持ちがこもる

ちなみに、おなじみの「プリーズ！」という言葉を使えば、もっと簡単に依頼の意志を表すことができます。Please open the door. ／ Open the door, please.というように、命令文の前か後ろにpleaseをつけるだけで、丁寧な依頼文のできあがり。

まぁ俺、機種変するくらいの感覚で
歴史変えちゃう癖あるからね。

I have a tendency to change history like people change their cell phone models.

▶tendency：傾向、性向

ROLAND's Wordsから学ぶ文法・構文

to不定詞

to不定詞とは、〈**to ＋ 動詞の原形**〉の形をとる組み合わせです。この形にすることで、動詞に名詞や形容詞、副詞の役割を持たせることができます。

| to | + | 動詞の原形 | の3つの働き |

❶ **～すること**　　**名詞**の役割をする
　　　　　　　　　▶動名詞（→p.42）に似た働きをする

❷ **～するための**　**形容詞**の役割をする
　　　　　　　　　▶名詞を後ろから修飾（→p.144「名詞＋to不定詞」）

❸ **～するのは**　　**副詞**の役割をする
　　～するために　▶形容詞や動詞を修飾（→p.146「形容詞＋to不定詞」）

❶名詞の役割をするto不定詞

To deny yourself is prohibited in front of me.

<u>あなた自身を否定すること</u> ▶deny：否定する ▶prohibit：禁止する

自分を否定するのは、俺の前では禁止。

denyという動詞が名詞の役割をする
⇒ to deny「否定すること」

❷形容詞の役割をするto不定詞

修飾

名詞 ↓

He needs something to eat.

何か 食べるための

eatという動詞が形容詞の役割をする 彼には食べ物が必要だ。
⇒ to eat「食べるための」

❸副詞の役割をするto不定詞

修飾

形容詞 ↓

The mountain is easy to climb.

やさしい 登るのは

climbという動詞が副詞の役割をする その山は楽に登れる。
⇒ to climb「登るのは」

〔**ROLAND's Words 10**〕のto不定詞は、tendency「傾向」という名詞を後ろから修飾しているので、「形容詞の役割をするto不定詞」にあたります。have a tendency to change historyを直訳すると、「歴史を変える傾向を持つ」となります。

訳のヒント／**Tips for Translating**

◎likeは動詞の「好き」ではなく、「〜のように」という意味で、ここでは接続詞の役割を果たしています。like people change their cell phone models「人々が携帯電話の機種変更をするように」→「(人々が)機種変するくらいの感覚で」。

◎機種変するのは誰かということは明確に述べられていませんが、英訳する時は必ず主語を置かなければならないため、暗に示されている「一般の人々」という意味のpeopleを補っています。

鋼のメンタルを尊敬しているなんて言われるけど、
俺のハートは誰も傷つけることができないから、
正確にはダイヤモンドメンタルかな。

They say they look up to my mind of steel, but it's more like a diamond, because no one can break it.

▶look up to ～：～を尊敬する　▶steel：鋼

ROLAND's Wordsから学ぶ文法・構文

They say ～「～と言われている」

「世間一般に言われている」と表現したい時は、**They say ～** で始めます。この場合のtheyは特定の人ではなく、「世間一般の人々」を指します。They say ～は「～と人は言う」と訳すこともできます。

They	say	he is a genius.
人は 言う 彼は天才だと

訳のヒント／Tips for Translating

◎look up to ～は「～を尊敬する」。日本語でもよく使われる「リスペクト」respect も、同様の意味です。

◎more like ～で「むしろ～に近い」なので、it's more like a diamondは「むしろダイヤモンドに近い」。

◎この場合のone は「人」を表します。文頭に否定のno をつけて no one ～とすることで、「誰も～しない」の意味に。

They say time is money.

時は金なりと言われる。

They say the TV show for entrepreneurs
will be broadcast next week.

▶ entrepreneur：起業家
▶ broadcast：放送する

その起業家向けの番組は来週放送だと言われている。

More words from ROLAND

幸せは待ってたら来ないって言うけれど、そんなことはない。
俺くらいになると幸せなんか15分前集合してるよ。
これからも幸せを引き寄せていきたい。

They say happiness won't come your way if you only waited,
but I don't think so. When you reach my level,
happiness is waiting for me 15 minutes ahead.
I'd like to keep attracting happiness that way for good.

| 解説 |

◎come your wayで「あなたに起こる」「あなたの行く手にやってくる」。

◎reach my levelで「俺のレベルに届く」。

◎15 minutes aheadで「15分前」。15 minutes beforeまたは15 minutes earlyと言うこともできる。

◎I'd like to ～は「～したい」という定型表現。attractは「引きつける」、keep ～ ingは「～し続ける」。I'd like to keep attracting happinessで「幸せを引きつけ続けたい」という意味になります。

◎that wayは「そのように」、for goodは「これからずっと」。

---

column 「人々」の微妙なニュアンスの違い

「人々」を指す代名詞にはtheyのほか、以下のものがあります。

you　　広く人々一般を表す時

we　　話し手も含んで仲間意識を生みだす時

people　客観的な目線で見ている時

You say ～、We say ～、People say ～も、They say ～と同様に「～と言われている」という意味です。上のような視点で使い分けてみましょう。

12

ローランドにとって、
学校は行くものではなく
建てるものなんだ。

For ROLAND,
school is not a place to go
but a place to build.

ROLAND's Wordsから学ぶ文法・構文

not A but B 「AではなくBだ」

not A but Bは、「AではなくBだ」という意味の定型文。Aは✕、Bは〇という構図になります。AとBには名詞または名詞の役割をする語句が入ります。

	✕	〇
I am	**not selfish**	**but honest.**
	わがままではなく	正直だ

私はわがままなのではなく、正直なのだ。

〔**ROLAND's Words 12**〕では、not の後にあるa place to goが✕、butの後にあるa place to buildが〇となります。また、a place to go も a place to build も to不定詞が名詞を後から修飾しています（→p.144）。

また、似たような定型文に、**not only A but also B**「AだけでなくBも」が
あります。こちらはAもBも○です。

$$\overset{\bigcirc}{\text{He is \underline{not only} cool}} \quad \overset{\bigcirc}{\text{\underline{but also} elegant.}}$$

カッコいいだけでなく　　　　　　　エレガントだ

彼はカッコいいだけでなく、エレガントだ。

例文／Example Sentences

**My boss did<u>n't</u> give me printed material
<u>but</u> sent me an e-mail instead.**

上司は私に書類を渡すの<u>ではなく</u>メールを送った。

He showed kindness <u>not only</u> to me <u>but also</u> to you.

彼は私<u>だけでなく</u>あなたに<u>も</u>優しさを与えた。

More words from ROLAND

俺は、何も目指さない。
目指されるのだ。

**I don't set goals
<u>but</u> people set me as a goal.**

---

column いろいろな顔を持つas

上の〔More words from ROLAND〕のasは「～として」という意味ですが、asは「～
のとおりに」「～なので」「～時」などさまざまな場面で使われます。

<u>As</u> you know, I'm good at playing soccer.
知っ<u>てのとおり</u>、俺はサッカーが得意だ。

<u>As</u> he often helps me, he learned how to take care of
my rabbit.
彼はたびたび手伝ってくれる<u>ので</u>、私のうさぎの世話の仕方を覚えた。

<u>As</u> I was about to leave, it started to rain.
出発しようとした<u>時</u>、雨が降り始めた。

俺にとって人を嫌いになるには、
人生は少々幸せ過ぎるんだ。

**My life is filled with
too much happiness for me
to hate anyone.**

too A to B「AすぎてBできない」

too A to Bで「**AすぎてBできない**」という意味を表し、tooの後には形容詞や副詞が入ります。また、文頭の主語と意味上の主語が異なる時は、toの前にfor 〜と意味上の主語を置きます。

He is	**too kind**	**for me**	**to hate.**
彼は	親切すぎる	私にとって	憎むには

(私にとって)彼は親切すぎて憎めない。

この形の文は、**so A that 〜 can't B「Aすぎるため、〜はBできない」**(→p.156)で言い換えることができます。

He is	**so kind**	**that**	**I**	**can't hate him.**
彼は	親切すぎる		私は	彼を憎めない

be filled with happiness「幸せで満たされる」、too much happiness は「多すぎる幸せ」、hate anyone は「誰かを嫌いになる」。〔ROLAND's Words 13〕の全体を直訳すると、「人生が多すぎる幸せに満たされているので、誰かを嫌いになることはできない」となります。

例文／Example Sentences

The cup of coffee is <u>too</u> hot (for me) <u>to</u> drink.
=The cup of coffee is <u>so</u> hot <u>that</u> I <u>can't</u> drink it.
コーヒーが熱すぎて飲めない。

I'm <u>too</u> tired <u>to</u> walk anymore.
=I'm <u>so</u> tired <u>that</u> I <u>can't</u> walk anymore.
疲れすぎてもう歩けない。

More words from ROLAND

俺の将来は今も見えません。眩し過ぎて。

My future is <u>too</u> bright <u>for</u> me <u>to</u> see ahead.

▶ahead：これから先、将来

---

column notがないのに否定!?

notなどの否定語を用いなくても否定表現となる言い回しは他にもあります。

anything but ～「少しも～でない」
The business is anything but easy.
そのビジネスは少しも簡単ではない。

free from ～「～がない」
I am free from fear.
俺には怖いものはない。

far from ～「決して～でない」
He looks far from sad.
彼は決して悲しそうには見えない。

Far from it!
とんでもない。

天は二物を与えないなんて嘘に決まってる。
俺もらいすぎて困ってるから返却先知らないか？

**It's not true that
"God doesn't give two gifts."
Do you know where
I can return some gifts because
I'm blessed with too many of them?**

▶be blessed with ～：～に恵まれる

ROLAND's Words から学ぶ文法・構文

形式主語 It ❶

it は「すでに出てきた内容」を「それ」と指すのが一般的ですが、「これから述べる内容」を先取りするための主語として使う用法もあります。それが**形式主語**と呼ばれる it です。
形式主語 It は、that 節や to 不定詞（→p.28）とともに使われます。
ここでは、「これから述べる内容」が that 節で表される場合を学びます。

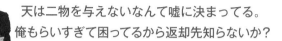

It	**is true**	**that**	**I**	**can speak English.**
↑	本当だ		私が	英語を話せるのは

形式主語	═══	that節 （接続詞 that ＋ 主語 ＋ 動詞）

私が英語を話せるのは本当だ。

形式主語の **it** は基本的に和訳には反映されません。例文は、先に「これから何か本当のことを言うよ」と予告しておき、その後（that以降で）その「本当のこと」が何なのかを伝えるような構成です。〔**ROLAND's Words 14**〕では、It's not true「それは本当ではない」とはじめに説明し、後から「それ」の内容＝God doesn't give two gifts「神は二物を与えない」を説明しています。

訳のヒント ／ Tips for Translating

◎ bless は「（神が）祝福する」という意味で、受動態（→p.54）be blessed で表すと「祝福される」「恵まれる」。「天から恵まれる」というイメージです。

◎ 最後の them が表すのは gifts。too many of them「たくさんすぎる贈り物」を授かって扱いきれないんだよ、と皮肉まじりに表現しています。

例文 ／ Example Sentences

It's important that you give confidence to your staff.

スタッフに自信を与えるのは重要だ。

It's true that he doesn't like pink pepper.

彼がピンクペッパーを苦手なのは本当だ。

More words from ROLAND

前を見るという気持ちもそうだけど、
行動自体もすごい大事なんじゃない？

It is important that you have a forward-looking mindset, but acting on it is even more important, right?

▶forward-looking：前向きの　▶mindset：（習性となった）考え方
▶act on：行動する　▶right?：そうじゃない？

---

column **Bless you!**

英語には神やキリスト教に由来する表現が多くあります。
「大変だ！」「マジ!?」「ヤバイ！」に相当する言葉が「God!」や「Jesus!」。
くしゃみをした時にこんな言葉をかけてもらったことはありませんか？
Bless you!

これは文頭のGodが省略されていて、「神のご加護がありますように」というのが本来の意味。この場合は「お大事に」というニュアンスです。くしゃみは不吉なものとされたことから、このような声かけがされるようになったそうです。

15

「不可能」の対義語は、
「ローランド」。

The antonym of "impossible" is ROLAND.

▶antonym：対義語

ROLAND's Wordsから学ぶ文法・構文

対義語・同義語

antonym は「**対義語**」という意味で、ある言葉の反対の意味を指す言葉のことです。前⇔後、右⇔左、ポジティブ⇔ネガティブといった名詞はもちろん、豪華な⇔質素な、激しい⇔穏やかなといった形容詞、進む⇔戻る、見上げる⇔見下ろすといった動詞にもあらゆる対義語がありますよね。

一方、似た意味の言葉を指す「**同義語**」は synonym です。

対義語も同義語も、セットで覚えるのがおすすめ。語彙も一気に増やせますし、同義語のストックがいくつかあると微妙なニュアンスの違いによって使い分けられるようになり、表現の幅が広がります。

次のページでは、覚えておくと便利な対義語・同義語を表にしました。

訳のヒント／Tips for Translating

主語は、The antonym of "impossible"「『不可能』の対義語」。文全体では「『不可能』と真逆の言葉が『ローランド』です」という意味です。「ローランドに不可能はない」ということを、カッコよく、端的に伝えているんですね。

〈覚えておきたいantonymとsynonym〉

antonym　対義語

arrive 到着する	↔	depart 出発する
inhale 吸う	↔	exhale 吐く
simple 単純	↔	complicated 複雑
success 成功	↔	failure 失敗
possible 可能な	↔	impossible 不可能な

ask 質問する	↔	answer 答える
remember 覚えている	↔	forget 忘れる
import 輸入	↔	export 輸出
future 未来	↔	past 過去
frequently 頻繁に	↔	rarely まれに

synonym　同義語

考える	think	consider	reflect	view
学ぶ	study	learn	work	acquire
話す	speak	talk	tell	chat
与える	give	present	offer	award
道	way	road	street	path
服	clothes	costume	outfit	apparel
目的	goal	aim	purpose	target
約束	promise	word	oath	guarantee
かわいい	pretty	cute	adorable	lovely
素晴らしい	wonderful	marvelous	superb	amazing

---

column　「アンチ」と「シンクロ」

「アンチエイジング」はすっかり定着しているワードですが、このアンチエイジングとantonym（対義語）は頭に同じ語源ant(i)-を持っています。ant(i)-は「反対」という意味です。どちらも「抗」老化、「反」意語と、後に続く言葉を打ち消していますね。同様に、synonym（同義語）のsyn-は「同じ」という意味です。「シンクロする」という言葉もここからきています。
「英単語を覚えるのは大変！」と気が遠くなる時もあるかもしれませんが、語源を知ると、雰囲気で単語の意味を推定できるようになります。

1. 自分の言葉で、世界の人たちを喜ばせてみたい

——どうして英語を学ぼうと思ったのですか？

メディアに出るようになってから、あっという間に数年。かつては歌舞伎町というフィールドの中で活動していた僕ですが、今ではありがたいことに、歌舞伎町どころか日本の枠をも飛び越え、海外の人たちに応援してもらえるまでになりました。

海の向こうでもたくさんの人たちがYouTubeを観てくれていたり、自伝が外国でもベストセラーになったり。そして海外に赴き、現地に僕のファンがいてくれることに、幸せを噛み締めていました。

そんな中で募るようになっていたのは、「英語を話せるようになって、世界中の人たちを喜ばせてみたい」という思いです。

もちろん、表情やボディランゲージだって大切なコミュニケーションのツールだと思います。共通の言語を話せなくても気持ちを通わせることは可能です。

でもやっぱり、ローランドを愛してくれているすべての人たちを、自分の言葉で幸せにしたい。あるいは僕の代名詞でもある「名言」を英語で表現し、世界中の人たちに届けたい。そんな気持ちが日増しに強くなってきていたんです。

世の中がコロナ一色で覆い尽くされたのは、そんな時でした。

大切な日常を失った当初は、さまざまな葛藤に苦しんだし、まるで檻の中に閉じ込められたような気持ちになりました。

でも、どんな逆境もプラスに変えていくのが僕のモットーです。気が滅入りそうになる事態だって、少しでもポジティブなものに変えていってこそローランドなんです。言い訳を見つけて怠惰に過ごすのは簡単だけど、それでは僕が僕じゃなくなってしまう。

そこでこの時期を利用して、ずっと挑戦してみたかった英語に本格的に取り組むことにしました。海外でもたくさんの人たちが僕を応援してくれている。そして実業家として、これから海外にもどんどんビジネスを展開させていこうという決意もある。そんな中で、「英語ができない」なんて通用しないよな、と。そんな思いが僕を動かしてくれました。

ひと匙（さじ）のロマンを胸に

I Always Have a Teaspoonful of Romance in My Heart

冴えない男と飲むリシャールよりも、
俺と飲む雨水。

**Drinking rainwater with me is
much better than
drinking Richard Hennessy
with a boring loser.**

▶ boring：つまらない、退屈な　▶ loser：敗者

ROLAND's Wordsから学ぶ文法・構文

動名詞

動詞を〈～ing形〉にして「～すること」という意味の名詞にしたものを、
動名詞と呼びます。

| 動詞 | + | ing | = | 動名詞 |

drink + **ing** = **drinking**
飲む　　　　　　　　 → 　飲むこと　　動詞が名詞に変身！

このように動詞を名詞に変えることで、動詞の意味を持ちながら名詞とし
て使えるようになります。例を見てみましょう。

Talking with ROLAND is fun.　ローランドと話すのは楽しい。

talk（話す）→talking（話すこと）

My dream is meeting ROLAND.　私の夢はローランドに会うこと。

meet（会う）→meeting（会うこと）

◎A is much better than Bは「AはBよりも遥かに良い」という意味の比較表現。大切なのは何を飲むかではない、誰と飲むかだ、というローランドの強い主張が伝わってきます。

◎「冴えない男」は、「だめなやつ」「つまらない負け犬」のイメージで、boring loserに。

例文／Example Sentences

Going glamping with my old friends is so much fun.　主語

旧友たちとグランピングに行くのは楽しい。

> *Point*
> glamorous camping 「（高級な装備などを使う）贅沢キャンプ」のこと。

His job is entertaining ladies.　補語

彼の仕事は女性をもてなすことだ。

I really enjoy having a meal with the director.　目的語

そのディレクターと食事をするのはとても楽しい。

More words from ROLAND

前例を覆してきたから「今」がある。

A series of overturning precedents has created what I am "Now."

▶series：連続　▶overturn：覆す　▶precedent：前例

　直訳　前例を覆すことの連続が、俺の今を創り上げた。

---

column　お酒の話

リシャール（Richard）は、ヘネシー（Hennessy）社が生産するお酒で、コニャックの中でも最高峰といわれる超高級品です（コニャックは、フランスのコニャック地方で作られるぶどうを原料としたブランデーの一種）。

リシャールという名前は、アイルランド人創業者のリチャード・ヘネシーRichard Hennessyにちなんで付けられました。リチャードのフランス語読みがリシャールです。クリスタルで作られたボトルも高価なもので、ホストクラブで注文すると、1本100万円から200万円すると言われています。

女性は水とパンとローランドさえあれば
生きていける。

Ladies shall live just by water, bread and ROLAND alone.

▶ alone：ただ〜だけ

ROLAND's Wordsから学ぶ文法・構文

助動詞 shall

shall には本質的に、「何かをする義務がある」「何かをする責任を負っている」という意味があり、**話し手の強い意志や決意**を表す役割を持っています。また、疑問文で使うと相手の意向を聞くことになるので、何かを**提案**する時にも使えます。主な用法は以下の通りです。

❶「〜しましょうか」（提案、申し出）
❷「〜でしょう」「〜だろう」（予測、予言）
❸「きっと〜する」「〜させよう」（決意、意志）
❹「〜しなければならない」（義務、命令）

〔ROLAND's Words 17〕では❷として使われており、「生きていけるだろう」という予測的なニュアンスを表現しています。

ただ、shall はフォーマルな言葉で少し堅苦しい印象を与えるため、現在で

は法律用語として用いられることが多く、日常会話ではあまり使われなくなってきています。一方、shallの過去形である **should** は、もとの「〜すべき」という意味だけを残しており、こちらは現在もよく使われています。

訳のヒント／Tips for Translating

by water 〜の前置詞byは、「〜によって」という手段を表すもの。この英文を直訳すると「女性は、水とパンとローランドのみによって生きるだろう」となります。aloneという単語を用いることで、「他には何もいらない」ということが効果的に表現されています。ちなみに『新約聖書』の中に、Man shall not live by bread alone.「人はパンのみにて生くる者にあらず」という表現があります。

例文／Example Sentences

Shall we dance? 　提案・申し出

一緒に踊りませんか？

I shall be back. 　決意・意志

きっと俺は戻ってくる。

You should apologize to him. 　義務・命令

彼に謝るべきだ。

You shall not steal. 　義務・命令

盗んではならない。(「モーゼの十戒」より)

---

column **woman? それともlady?**

女性を表す言葉には、woman、lady、girl、femaleといくつかあります。一般的にはwomanを使うことが多いのですが、女性を敬う気持ちを込める場合はlady、女の子にはgirl、単に性別を表す時はfemaleが使われます。

man-woman、**gentleman-lady**、**boy-girl**、**male-female**というように、男性を表す言葉とセットで考えるとイメージしやすいですね。

欧米では1970年代からgender neutral(ジェンダー・ニュートラル)の動きが高まり、男女差別と捉えかねない表現は言い換えられるようになりました。警察官policeman→**police officer**、ビジネスマンbusinessman→**businessperson**、専業主婦housewife→**homemaker**などがその例です。職業だけでなく、人類mankind→**human beings**、母国語mother tongue→**native tongue**というように、あらゆる言葉に注意が払われています。

日本を元気にするために、
俺はジェントルマンをたくさん育てていきたい。

I want to raise
many young people to be gentlemen
to lift up Japan.

▶ raise：育てる　▶ lift up：(沈んだ気持ちを)元気にする

ROLAND's Words から学ぶ文法・構文

want to ＋ 動詞の原形「～したい」

〈**want to ＋動詞の原形**〉は、「～したい」という意味の決まり文句です。
〈to ＋動詞の原形〉の部分は **to 不定詞**（→p.28）で、動名詞（～ing形、→p .42）と
同じく、**動詞を「～すること」という名詞として用いる**ことができます。

want	+	to ＋ 動詞の原形 (to不定詞)	～したい
I	want	to raise	～

私は～を育てたい

動詞によって、「to不定詞」「動名詞」、どちらも使えるものと、どちらかし
か使えないものとがあります。**wantはto不定詞しかとれない**ので、want
to raise ～とするのが正しい用法。反対に、enjoy「楽しむ」などはto不定
詞はとれないので、enjoy raising ～とするのが正しい表現となります。

to不定詞だけをとる動詞には、次のようなものがあります。

❶ 願望

want（したい）/ wish（望む）/ expect（期待する）

I want to play badminton.　バドミントンをしたい。

❷ 決意・意志

promise（約束する）/ decide（決める）/ choose（選ぶ）

I promise to see you soon.　すぐに会うことを約束するよ。

❸ 対応

refuse（拒む）/ manage（どうにかする）/ hesitate（ためらう）

I refused to stay in the company.　その会社に残ることを拒んだ。

訳のヒント／Tips for Translating

◎ raise A to Bは、「AをBに昇進させる、出世させる」という意味。「たくさんの若い人たち」many young peopleをgentlemenへと引き上げていきたいということを表現しています。

◎ to lift up「元気にするために」もto不定詞のひとつです。この場合は、「〜のために」という副詞の役割で使われています。

More words from ROLAND

生まれ変わっても、俺になりたい。

If I were to be reincarnated, I want to be myself again.

▶ If I were：もし私が〜だったら（→p.56）　▶ reincarnate：生まれ変わる

---

column　I wanna

「〜したい」という表現は日常生活のさまざまな場面で使われます。会話の中で "I wanna"（発音：アイ・ワナ）という表現を聞いたことありませんか。これは、I want to（〜したい）の口語表現です。

I wanna go to the theme park.　テーマパークに行きたい。

Do you wanna come with me?　俺と一緒に来る？

俺と出会ってよかったなって
思ってくれる人を増やしたい。

**I want more people
to feel happy
by meeting me.**

ROLAND's Wordsから学ぶ文法・構文

want + 人 + to + 動詞の原形「人に〜してほしい」

〈want to +動詞の原形〉については p.46 で学びましたが、**want** と **to** の間に人が入ると、「人に〜してほしい」という意味になります。

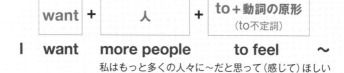

want +	人	+	**to + 動詞の原形**（to不定詞）
I　**want**	**more people**		**to feel** 〜

私はもっと多くの人々に〜だと思って（感じて）ほしい

例えば、I want you to smile.「私はあなたに笑っていてほしい」や She wants him to keep the secret.「彼女は彼にその秘密を守ってもらいたがっている」など、さまざまな表現に適用することができます。同じ形をとる代表的なものに、〈**tell + 人 + to +動詞の原形**〉「人に〜するように言う」、〈**ask + 人 + to +動詞の原形**〉「人に〜することを頼む」があります。

◎「俺と出会って」は「俺と出会うことによって」を意味する by meeting me で表現。byには「〜によって」という意味があります。

◎「よかったなって思ってくれる人を増やしたい」は、「俺は、より多くの人々に幸せを感じてほしい」として I want more people to feel happy と表現しています。

例文／Example Sentences

Our teacher <u>wants us to do</u> our research more by ourselves.

先生は、<u>私たちにもう少し自分自身で</u>研究<u>してほしい</u>。

I <u>wanted my grandmother to go</u> to the doctor.

私は、<u>祖母に病院に行ってもらいたかった</u>。

My sister <u>wants me to buy</u> a CHANEL dress for her in Hongkong.

妹は<u>俺に</u>、香港でシャネルのドレスを<u>買ってきてほしがっている</u>。

column ローランドからのアドバイス

何かに迷ったら、ローランドのこんなメッセージを思い出して！ それぞれ英語で次のように言い換えることができます。

自分の信念があるなら、他人の助言を丸呑みせずに貫けばいい。

→**ROLAND <u>wants us to stick</u> to our beliefs.**　　　▶belief：信念

　ローランドは<u>僕たちに信念を貫いてほしい</u>。

不登校は気にしなくていい。

→**ROLAND <u>wants us not to worry</u> about missing school for so long.**

　ローランドは<u>僕たちに不登校を気にしてほしくない</u>。

　　　　　　　▶missing school for so long：長い間学校を休む→不登校
toの前にnotを入れることで、to以下の動詞の意味を打ち消しています（→p.110）。

〈want＋人＋to＋動詞の原形〉は、もうマスターしましたね。
ありがとう、ローランド！

限界まで努力しろ。
さもないといつまでも
叶えられなかった夢に執着してしまう。

Do your best to the limit, or else you'll be stuck with your lost dreams forever.

▶ or else：さもないと　▶ stick with ～：～に固執する　▶ forever：永遠に

ROLAND's Wordsから学ぶ文法・構文

命令文 ＋ , or … 「～しなさい。さもないと…」

命令文の後に〈, or 〉を続けると、「～しなさい。さもないと…」という意味になります。orをandに変えると、「～しなさい。そうすれば…」となります。

動詞の原形 (命令文)	＋	, or	～
～しなさい		さもないと	

Wake up early tomorrow morning, or you'll be late.

明日の朝早く起きなさい。さもないと遅刻するよ。

動詞の原形 (命令文)	＋	, and	～
～しなさい		そうすれば	

Work hard, and you'll be rich.

一生懸命働きなさい。そうすればお金持ちになれるよ。

◎ do one's best で「ベストを尽くす」「全力を尽くす」。Do your best と原形
のまま使うことで、「君のベストを尽くせ」という命令表現になります。

◎ be stuck with 〜は stick with 〜の受動態（→p.54）（stuck は stick の過去分
詞形）。「〜に縛られる」という意味になります。

◎ or else は「さもないと」という意味。or に else を加えることにより「そう
しないと…」という意味合いが強まります。

◎ lost dreams の lost は lose「失う」の過去分詞形で、直訳すると「失われた
夢」。このように過去分詞形を名詞の前に置くと、受け身の意味を持た
せられます。

Be quiet, or he will find you.

静かにしろ。さもないと彼があなたを見つけてしまう。

Try something new, and you can broaden your horizons.

新しいことに挑戦しな。そうすれば視野を広げることができる。

▶ broaden：広がる　▶ horizons：限界、視野

Have some hobbies of your own, and you'll have more fun every day!

あなた自身の趣味を持ちなよ。そうすれば毎日が楽しくなるよ。　▶ of your own：あなた自身の

More words from ROLAND

全力で考え得るすべてを出し切れば、
どう転んだってプラスになるんだ。

Give all you got, and you'll have something positive
in return however it turns out.

▶ in return：見返りとして　▶ turn out：ひっくり返る

解説　all you got で「あなたが持っているすべてのもの」。give には「自分
のところから出す」という意味合いがあるので、Give all you got は
「あなたが持っているすべてのものを出せ」となります。

you'll は you will の短縮形。something 〜は「（何か）〜なもの」とい
う意味で、something hot「何か温かい飲み物」、something new「何
か新しいもの」といった使い方をします。you'll have something
positive in return は「あなたは見返りとして何か有益なものを手に
入れるだろう」です。

however は「どんなに〜でも」なので、however it turns out は「ど
う転んだって」という意味です。

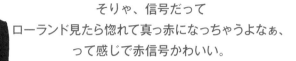

21

そりゃ、信号だって
ローランド見たら惚れて真っ赤になっちゃうよなぁ、
って感じで赤信号かわいい。

**Even traffic lights would
fall for me and get red
if they saw ROLAND.
How cute they are!**

▶ even 〜：〜でさえ　▶ traffic lights：信号機　▶ fall for 〜：〜に惚れる

ROLAND's Words から学ぶ文法・構文

感嘆文

**文頭にHowやWhatを置いて、「なんて〜だろう！」と「！」がつくほどの
感情を表すのが感嘆文です。**感嘆文は、Howで始める場合とWhatで始め
る場合があります。HowとWhatの違いは、感嘆する対象に名詞があるか
どうか。**名詞がつく場合はWhatを用います。**

How	+	形容詞	+	主語 + 動詞	！
How		**cute**		**they are**	**！**
なんて		かわいいの！		彼らは	

What	+	形容詞	+	名詞	+	主語 + 動詞	！
What		**cute**		**traffic lights**		**they are**	**！**
なんて		かわいい		信号機なの！		彼らは	

◎ even は「〜だって」「〜でさえも」という強調の意味を持つ副詞。意志を持たなそうな信号ですら、ローランドには恋してしまう……と、常識を超えるローランドの魅力を表現。

◎ 1つ目の文は「もし〜だったら、…だろう」という仮定法（→p.56）。

◎ get ＋形容詞で「〜になる」という意味になります。It's getting dark.「暗くなってきたね」、I got sick during the cruise.「船旅の最中に気持ち悪くなってしまった」などのように使います。

◎ How cute they are! の they は traffic lights を指しています。

例文／Example Sentences

How clever the dog is!
= What a clever dog it is!

なんて賢い犬だろう！

How gorgeous ROLAND HOUSE is!
＝What a gorgeous house ROLAND has!

ローランドハウスはなんてゴージャスなんだ！

More words from ROLAND

よく女性を見つめて、「本当綺麗な顔だね」って言うんだけど、
大半は瞳に映った自分の顔に対して言ってるだけだから、
勘違いしないでよ。

I often stare at ladies' eyes
and say "Oh my god, what a beautiful face!"
but I'm only referring to my face reflecting in their eyes,
so don't get me wrong, okay ?

▶stare：じっと見る　▶refer to 〜：〜について言及する　▶reflect：映す

解説	in their eyes の their は、最初に出てきた ladies「女性たち」。 my face reflecting in their eyes で「彼女たちの目に映っている俺の顔」。

don't get me wrong は、「私の言っていることを誤解しないで」という決まり文句です。

俺はローランドのことを好きでいたいし、
ローランドに嫌われたくもない。

I want to like ROLAND
and I don't want to be hated
by ROLAND.

ROLAND's Wordsから学ぶ文法・構文
受動態

「AがBに対して〜をする」のように、動作をする側を主語とした表現を**能動態**といいます。それに対して、「BがAによって〜をされる」のように、動作をされる側を主語とした表現を**受動態**といいます。
受動態の典型的な形は、次のようになります。

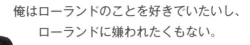

主語	+	be動詞 + 過去分詞	+	by 行為者
I		am hated		by ROLAND
私は		嫌われる		ローランドによって

「行為者」が誰（何）なのかが明らかな場合は、by 〜「〜によって」は省略されることもあります。
〔ROLAND's Words 22〕では、前半のI want to like ROLAND「俺はローランドを好きでいたい」は能動文、後半のI don't want to be hated by ROLAND「俺はローランドに嫌われたくない」が受動文です。

能動態と受動態の文の違いを見てみましょう。

能動態	I 私は	**like** 好きだ	**ROLAND.** ローランドを

受動態	I 私は	**am liked** 好かれている	**by ROLAND.** ローランドに（よって）

上の受動文 I am liked by ROLAND. を want とともに用いて願望として表現したい場合、want は to 不定詞をともなうため（→p.46）、am を原形の be に変え、I want to be liked by ROLAND. となります。

例文／Example Sentences

ROLAND was picked by the beautiful lady.

ローランドはその美しい女性に指名された。

I was asked to be the owner of the 'Host Club'
even though I was the youngest.

俺は最年少だったけど、そのホストクラブのオーナーになってと頼まれた。

欧米にはホストクラブが存在しないため、それに該当する単語自体がありません。しかし、ローランドのアイデンティティでもある特別な言葉であることから、本書では、あえて "Host Club" と訳しました。

column by 以外の前置詞を使う受動態

受動態の内容によっては、by 以外の前置詞が使われる場合があります。

at 「~に対して」というイメージ

I was surprised at her behavior.

彼女の行動に（対して）私は驚いた。

＊「彼女の行動が私を驚かせた」という意味を持たせたい場合は by を使う。

with 「~でもって」のイメージ

The roof of the house was covered with snow.

その家の屋根は雪で覆われていた。

＊「雪によってすっぽり覆われた」という意味を持たせたい場合は by を使う。

23

カニですら、
俺が接客したら前向きに歩くよ。

If I waited on a crab,
even the crab would walk straight.

▶ wait on：(客に)対応する　▶ crab：カニ

ROLAND's Words から学ぶ文法・構文

仮定法

事実ではないことや、まだ起きていないこと、可能性が低いことを表すのが**仮定法**です。**If**を使った文で、「**もし〜だったら、…だろう**」と仮想の世界を表現します。文の前半にあたる If 〜「もし〜だったら」の部分で用いる**動詞は過去形**にし、後半の「…だろう」にあたる部分では、**原形動詞の前に would (could)** を置きます。If 〜の部分で be 動詞を使う場合は、主語に関わらず **were** を使います。

If I waited on a crab, the crab would walk 〜

If	主語	動詞の過去形 were	,	主語	would could	動詞の原形
		もし〜だったら				…だろう

◎ ローランドがカニを接客する可能性は極めて低く、単なる想像上の話だということが明らかなので仮定法を用いています。仮定法を使えば、If I were a bird, I could fly to you right away.「私が鳥だったら、今すぐあなたのもとへ飛んでいけるのに」、If we were the only ones in this world, I would be happy.「この世界にいるのが僕たちだけだったらいいのにな」なんてロマンチックな表現もいろいろできそうですね。

◎ 一般的にカニは横向きに歩くので、「カニが歩く」は crabs walk from side to side ですが、そのカニが正面に向かって歩く場合は crabs walk straight と表現します。

**If the teacher <u>asked</u> me to take on the committee,
I <u>would</u> say "yes."** ▶committee：委員

<u>もし</u>先生に委員を引き受けてと言われたら、「はい」と言う<u>でしょう</u>。

If I <u>were</u> you, I <u>would</u> pour more love into my work.

<u>もし俺が君だったら</u>、もっと仕事に愛情を注ぐ<u>けどな</u>。

More words from ROLAND

もし世界が完璧だったら君たちにローランドは必要ないだろ？

**If the world were perfect,
you wouldn't need ROLAND, right?**

---

column **I were? それとも I was?**

「～ならいいのに」と述べる仮定法では、主語が I の時も was でなく were を使います。それは、昔は主語が何であっても、be 動詞の過去形には were を使っていた名残りです。ただ、実際の会話では、仮定法の be 動詞に was を使うことがあります。その際、現実に絶対起こらないことは I were 、起こり得ることは I was と使い分けられているようです。
ただし、あくまでも正式には were であることをお忘れなく！

If I was in Japan, I could watch the new drama.
もし日本にいたなら、その新作ドラマが観られるのに。

If I were you, I would tell him "I like you."
もし私があなただったら、彼に好きって言うのに。

ROLAND's Words

24

「ローランドがいるから気持ちが明るくなったな」
って言われたら、ひとりの人間として生まれて、
こんなに幸せなことはない。

I couldn't be happier
if I had someone say
"your existence made me
feel brighter."

▶ existence：存在　▶ bright：明るい

ROLAND's Words から学ぶ文法・構文

比較級

他と比べて、「〜より…だ」と差を表すのが**比較級**です。

比較級の場合、形容詞や副詞の語尾に **(i) er** をつけるのが基本ですが、形容詞や副詞の前に **more** をつける用法や不規則に変化する用法もあります。

❶ 比較級の基本形

形容詞副詞	+	(i) er

（例）

tall	→	taller（より高い）
happy	→	happier（より幸せ）
fast	→	faster（より速い）

❷ more＋形容詞・副詞

more	+	形容詞副詞

（例）

popular	→	more popular（より人気がある）
famous	→	more famous（より有名な）

❸ 不規則変化
形容詞・副詞が
不規則に変化する

(例)

| good | → | better（より良い） |
| bad | → | worse（より悪い） |

比較級の文は、通常、次のようにthanを用いて比較の対象を具体的に述べます。
He is younger than me.　彼は私より年が若い。
ただし、〔ROLAND's Words 24〕のように具体的に何かと比較しているわけで
はない場合は、あえてthanは使わない場合もあります。

訳のヒント／Tips for Translating

◎ 仮定法ではcouldを用いるため、couldn't be happierとします（→p.56）。直
　訳すると、「これ以上幸せにはなれない」。まさに無上の幸せを感じるの
　だということが伝わってきます。同様の言い回しにI couldn't agree with
　you more.「これ以上は君に賛成しようがない＝激しく賛成だよ」という
　ものがあります。
◎ have someone sayで「誰かに言わせる」。仮定法なので、使役動詞have
　（→.138）は過去形になります。
◎「ローランドの存在自体が」という意味を強めるため、existence「存在」と
　いう語を用いました。

例文／Example Sentences

It's getting colder.

寒くなってきている。

This tuxedo is cooler than that one.

このタキシードはあれよりかっこいい。

---

column　**最高！**

〔ROLAND's Words 24〕にある I couldn't be happier。このhappierをbetter
に変えたIt couldn't be better!「これ以上よいことはありえない」は、「最高！」と
いう時の決まり文句です。Itは省略されることが多く、次のように使われます。

How are you doing?　調子はどう？

—— **Couldn't be better!**　最高！

How is the weather today?　今日の天気は？

—— **Couldn't be better!**　最高！

Great!も同じように使えますが、Couldn't be better!と言えたら最高ですね。

車を運転して曲がる時は、
ウインカーじゃなくて
オーラ出して曲がります。

**Making a turn while driving,
I give off my "aura"
instead of using the turn signal.**

▶ while ～：～の間に　▶ give off：発する
▶ instead of ～：～の代わりに　▶ turn signal：ウインカー

ROLAND's Wordsから学ぶ文法・構文

分詞構文❶

分詞構文とは、動詞を**現在分詞（～ing形）**または**過去分詞の形で用い、接続詞としての役割を持たせた文**のことです。少し難しく感じるかもしれませんが、文を簡潔にしたうえで、**時や理由、条件、原因**なども一緒に伝えることができる、便利な文法と思っておくとよいでしょう。

> **分詞構文（分詞を使った文）** ＋ **主語＋動詞**

分詞には、次の2種類があります。

現在分詞	動詞の～ing形	→	**doing**	～する時 ～しながら ～して ～なので　など
過去分詞	動詞の過去分詞形	→	**done**	～されたので ～し終えて　など

〔ROLAND's Words 25〕では、Making と driving が分詞（現在分詞）にあたります。和訳する時は、後ろに続く節とつなげるイメージで、「～の時、…」「～しながら、…」「～なので、…」「～の結果、…」などと訳します。

| 現在分詞の例 | **Making a turn while driving** |

車を運転中に曲がる時

| 過去分詞の例 | **Written in simple English** |

簡単な英語で書かれているので

分詞構文は、接続詞を使った文に言い換えることができます。

Making a turn while driving,　車を運転して曲がる時は、

→ **When I am making a turn while I am driving,**

Written in simple English,　簡単な英語で書かれているので、

→ **Since it is written in simple English,**

例文 / Example Sentences

Walking along the street,
I happened to see a good-looking man.　現在分詞

通りを歩いていたら、偶然、素敵な男性に出会った。

Trained by ROLAND, the skills of the staff have improved.

▶train：(人を)教育する　過去分詞

ローランドに指導されたので、そのスタッフのスキルは上達した。

---

column　ドライブに関する表現

ローランドも大好きなドライブに関する表現を学びましょう。

get in the car　車に乗る　　*Point*

put on the seatbelt　シートベルトを締める●······ put onは、口語では buckle upとも言う

start the car　車を発進させる●······

drive the car　運転する　　*Point*　「加速する」はspeed up、「減速する」はslow down

change lanes　車線を変更する　●·······

pull over to the side of the road　車を路肩に寄せる

park the car　車を停車させる　*Point*

get out of the car　車を降りる　　車線をまたぐため複数形

俺と同じ時代に生まれた君は、
すでに勝ち組だ！

**Being born
in the same generation as me,
you have won at life already!**

▶ generation：時代、世代

ROLAND's Wordsから学ぶ文法・構文

現在完了形

現在完了とは、過去からずっと継続している状態を表すもの。 例えば「昨日サッカーをした」という場合、サッカーをしたのは「昨日」という過去の一時点なので、通常の過去形を用います。それに対し、例えば「今朝から今までサッカーをしていた」という場合、「今朝」という過去の時点から今に至るまでずっと「サッカーをする」という動作・状態を続けてきたわけなので、**現在完了形**を用います。

現在完了形は〈**have＋動詞の過去分詞**〉の形をとります。意味は「**継続**」「**完了・結果**」「**経験**」のうちのいずれか。〔**ROLAND's Words 26**〕の you have won at life already「すでに勝ち組だ」という表現は、**現在完了形**のうちの「**完了・結果**」です。

❶ 継続　　　：ずっと~してきた
❷ 完了・結果：~したところだ、（もう）~した
❸ 経験　　　：~したことがある

| have
has | + | 過去分詞 |

〈現在完了形と一緒に用いられることが多い単語〉
these days（最近）　just（ちょうど）　already（すでに、もう）　yet（まだ、もう）

訳のヒント／Tips for Translating

Being born は「生まれたので」という意味で、Being は省略されることも。
born ~ は分詞構文（過去分詞、→p.60・p.150）の用法です。

例文／Example Sentences

I have lived here for ten years.　継続

私はここに 10 年間住んでいる。

**The manager has just finished watching
a YOKOHAMA DeNA BAYSTARS game.**　完了・結果

マネージャーは、ちょうど横浜DeNAベイスターズの試合を観終えたところだ。

Have you been to Madrid?　経験

マドリードへ行ったことある？

column　前置詞 in

前置詞 in は「入れ物の中に入っている」イメージ。「場所」「ジャンル」「方法」なども入れ物として捉えるので、さまざまな場面で使うことができます。

There is a brandy bottle in the showcase.
ショーケースの中にブランデーがある。

We live in Japan.
私たちは日本に住んでいる。

I'm interested in anthropology.
私は人類学に興味がある。

〔ROLAND's Words 26〕の in the same generation「同じ時代に」は、「同じ時代の中に一緒にいる」というイメージです。

2. 誰だって最初は初心者

——英語学習を始めたばかりの人へのアドバイスをお願いします。

サッカー漬けだった少年時代、勉強は二の次でした。だから今回学習を始めた時も、初歩的なことから学ばなければならなかったんです。中学生向けの参考書を片手に基礎知識を叩き込む自分の姿に、「学生の時、もっとやっておけばよかったな」という思いも浮かばないわけではありませんでした。

読者の中には、僕と同じような英語ビギナーもたくさんいると思います。自分のレベルについて、もしかしたら多少の恥ずかしさを感じているかもしれませんね。

だけど、未熟であることを恥じる必要なんてまったくないと思います。百戦錬磨に見える人だって、誰でもみんな「最初は初心者」なのだから。

歌舞伎町に飛び込んだ当時の僕は、まともに女の子としゃべったこともなかったんです。当然、接客なんてまったくできず、「店にいても使えないから」と極寒の中、ビラ配りをさせられたり、先輩ホストから嫌がらせを受けたりしました。安アパートで大嫌いな虫と同棲し、常に金欠で、割引されたパンすらも買えないような毎日は辛かったですね。

でも僕は諦めなかった。「絶対に見返してやる」という反骨心を胸に、接客術などの本を読み漁って研究を重ねました。そんな努力は少しずつ実を結び、やがて従来のホストとは一線を画す「お客様に選ばれるのではなく、自分が選ぶ」というスタイルを確立。これらの出来事は自分自身に鮮烈な成功体験をもたらしてくれました。

ジャンルは全然違いますが、英語もそれとまったく一緒だと思っています。

誰でも最初は、自分にできるわけがないとひるむかもしれない。単語を覚えるのにも文法を理解するのにも、いちいち苦戦するもしれない。

でも続けることで、徐々に「不可能」は「可能」へと近づいていくんです。だから今回も、「無謀」と言われながらも僕は日々英語と格闘しています。何だってめげずに続けていれば必ず形になるということを、これまでの経験上、知っているから。

人生の主役は自分

You Play the Lead Role in Your Own Life

人に媚びない、人に好かれようとしない。
人生の主役は、自分。
主演俳優がエキストラに気を遣っていたら、
良い映画を撮れるわけがない。

**Don't be a suck up
or try becoming their favorite.
You play the lead role in your own life.
If the star cares too much about the extras,
the movie won't turn out well.**

▶ a suck up：媚びる人　　▶ lead role：主役
▶ care too much：気にしすぎる　　▶ turn out ～：結果的に～になる

ROLAND's Words から学ぶ文法・構文

a（an）や the の使い方

人やものを表す**名詞**には、通常、**a(an)** や **the** がつきます（固有名詞など、何もつかない場合もあります）。ここでは、基本的な **a(an)** や **the** の使い方を学びます。

名詞が出てくる時には、次の3つの基準で冠詞（aやthe）を
つけるかどうかを考えましょう。

❶ 名詞が表すものが数えられるか、数えられないか
❷ 名詞が表すものが数えられる場合、1つ（単数）か、
　 2つ以上（複数）か
❸ 名詞が表すものが文の中でどういう意味を持っているか

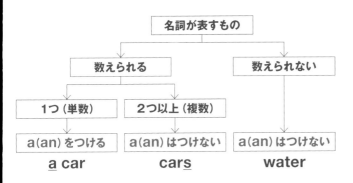

漠然と人やものを表す場合には、❶❷のみを考えます。
❸を考えた時、何か特定のものを指す場合には、the をつけます。

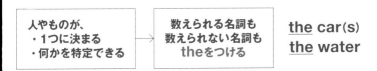

〔ROLAND's Words 27〕の the lead role 、the extras は、どこかの「主役」や
「エキストラ」ではなく、「自分に関わる」と特定されたものなので、**the** が
つきます。一方、漠然と「主役」「エキストラ」を指す場合は、the ではなく
a がつきます。

訳のヒント／**Tips for Translating**

◎ try 〜ing は「〜をやってみる」。ローランドは、suck up「媚びる」こと
と合わせて、「好かれようとする」こともしてはいけない、と諭してくれ
ているんですね。
◎ care (too much) about 〜は「〜を気にする」。about の前に too much を
つけることで、「必要以上の」「度が過ぎている」という意味を表します。

例文／**Example Sentences**

**The only items that we can put on the desk during the exam
are a pencil, an eraser and a calculator.**
試験中に机の上に置くことができるのは、鉛筆と消しゴムと計算機だけだ。

Please tell me how to go to the apartment.
そのマンションへの行き方を教えて。

28

ローランドと同じことをさせようとは思わない。
なぜなら、できないから。
でも反対に、みんなにしかできないこともあるよね。

**I don't expect you to do what
ROLAND does, because you can't.
But, on the other hand,
there are things only you can do.**

▶ expect：期待する　▶ on the other hand：一方で

ROLAND's Words から学ぶ文法・構文

否定文

「〜ではない」と文全体を否定する時は、**not** を使います。**not** の位置は、動詞の種類によって、❶❷の２つのパターンがあります。

❶ 一般動詞の否定文

| do / have など
助動詞 will / can など | + | not | + | 動詞の原形 |

I do not expect you to 〜. 俺は君に〜を期待しない。

❷ be動詞の否定文

| be動詞 | + | not |

> 助動詞にはwill, can, may, shall, must などがある。

I am not a dull loser. 俺は敗者ではない。

◎ expect you to ~「あなたが~することを期待する」を否定形にして、「あなたに期待しない」→「あなたに~させようと思わない」。what は「事」を導く関係代名詞で what ROLAND does「ローランドがすること」。

◎ expect you to do、ROLAND does、you can do は、すべて「~する」という一般動詞。

◎ there are ~ は「~がある」(→p.18)。何があるかと言うと、things only you can do「あなただけができること」です。

He <u>won't</u> (=will not) let us go.

彼は行かせてくれないだろう。

He <u>hasn't</u> finished cooking curry and rice for his brother yet.

彼はまだ弟のためのカレーライスを完成させていない。

More words from ROLAND

テレビ……あまり観ない。
テレビは観るものではなく出るものだから。

I <u>don't</u> watch TV all that often.
TV is not something to watch for me.
It's where I show up on.

▶ all that often：それほどまで

---

column not を含む短縮形

do not → **don't**	is not → **isn't**	have not → **haven't**
does not → **doesn't**	I am not → **I'm not**	has not → **hasn't**
did not → **didn't**	are not → **aren't**	had not → **hadn't**
will not → **won't**	would not → **wouldn't**	
can not → **can't**	could not → **couldn't**	am と will 以外は、"n't" を用いるというルールは同じ。
must not → **mustn't**	should not → **shouldn't**	

29

世の中には、心ない言葉をかけてくる人間もいる。
だからこそ、自分だけは自分の味方でいてやれ。

**Some people throw
thoughtless words at you,
so keep yourself
on your side at least.**

▶ thoughtless：思慮のない、思いやりのない　　▶ throw：投げかける　▶ at least：少なくとも

ROLAND's Words から学ぶ文法・構文

接続詞 so

so は、「だから〜」と結果を示しながら文をつなぐ接続詞です。
接続詞には他にも、情報を並べる and 、対立させる but 、選択の可能性を示す or などがあります。

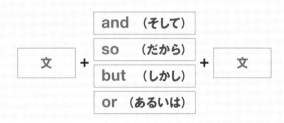

```
        and （そして）
        so  （だから）
文  +   but （しかし）   + 文
        or  （あるいは）
```

日本語でもおなじみのkeepは「ある状態や何かを持続させる、保つ」という意味。keep yourself on your side で、「君を君自身のそばに寄り添わせ続けろ」→「君を君自身の味方でい続けさせろ」となります。at least の意味は「少なくとも」や「せめて」。他の誰に嫌われたとしても、何があっても、とにかく自分だけは自分の味方でいてあげてほしい。そんなローランドの強い気持ちが伝わります。

例文／Example Sentences

**ROLAND wants to expand his vocabulary,
so he reads books.** ▶expand：拡大する

ローランドは語彙力を高めたいので読書する。

**She forgot her smartphone at home,
so she went back to get it.**

彼女は家にスマートフォンを忘れたので取りに帰った。

column someってどのくらい？

多くも少なくもない漠然とした数量を表すのがsome「いくつかの」です。
数えられるものにも、数えられないものにも使えます。

I will get some fruit at the store.
俺は、店で果物を買ってくる。

I have some experience in teaching math. ▶math：数学
数学を教えた経験が多少ある。

someより多いもの、少ないものを表す時は、次の表現を使います。

	少ない		多い
数えられるもの	**a few** a few folks 2・3本のフォーク	**some** some watches いくつかの腕時計	**many** many cards たくさんのカード
数えられないもの	**a little** a little whiskey 少しのウィスキー	**some** some wine いくらかのワイン	**much** much money 多くのお金

誰か俺に
脇役のなり方を教えてくれないか？

**Can someone let me know
how to be a bit player?**

▶ bit player：脇役

ROLAND's Wordsから学ぶ文法・構文

使役動詞 ❶ let

「人（もの）に〜をさせる」という意味の動詞を**使役動詞**といい、代表的なものに let、make、have があります。使役動詞を使う時は、次の形をとります。

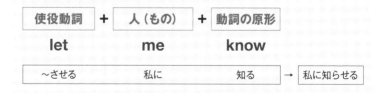

使役動詞	＋	人（もの）	＋	動詞の原形
let		**me**		**know**
〜させる		私に		知る

→ 私に知らせる

同じ使役動詞でも、let、make、have では少しずつニュアンスが違います。

let 「何かをするのを阻止しない」「許す」

make 「強制的にでもさせたい」（→p.102）

have 「その状態を確保する」→「〜させる」「〜してもらう」（→p.138）

◎ 単に「俺に〜の方法を教えてくれ」という場合はTell me how〜ですが、この場合は「俺は主役しかしたことないから脇役になりたくてもなれないんだよね、方法を教えてくれない？」と、少し皮肉を込めてCan someone let me know 〜?と表現しています。

◎ how to be 〜は「〜になる方法」「〜のなり方」。

例文／Example Sentences

Let me know what time you leave.
何時に出発するか教えて。

Let's go for a walk.
私たちを散歩に行かせて。 → 散歩に行こう。

Let me see.
少し考えさせて。

More words from ROLAND

俺、気を抜くとすぐ雑誌の表紙になりがちなんだ。

I tend to appear on the cover of a magazine whenever I let my guard down.

▶tend to 〜：〜する傾向がある　▶let one's guard down：気を抜く

---

column　ちょっとした時に役立つフレーズ

Let me know 〜「〜を知らせて・教えて」のように、普段よく使う表現を覚えておくと、会話のきっかけやつなぎに役立ちます。

Where are you from?	出身はどこ？
What kind of food do you like?	食べ物は何が好き？
Can I get some drinks for you?	飲み物取ってこようか？
Is this your first time to Japan?	日本は初めて？
Do I know you?	会ったことある？
I like your black T-shirts.	君が着ている黒いTシャツいいね。

Part 3

別に誰に嫌われたかなんて重要じゃないよ。
大切なのは誰に好かれたか！

Don't care about who hates you.
What's important is who likes you.

▶ care：気にかける

ROLAND's Wordsから学ぶ文法・構文

間接疑問文 ❶

WH疑問文は相手に何かを尋ねる文ですが（→p.22）、ここでは、**疑問詞を使ってはいるものの、実際には質問しているのではない表現「間接疑問文」**を学びます。まずは、一般的な疑問文と間接疑問文の違いを見てみましょう。

| 疑問文 | **What do you like ?** |

主語　動詞

あなたは何が好き？

| 間接疑問文 | **I want to know what you like .** |

主語　動詞

あなたが何を好きかを知りたい。

上の間接疑問文の what you like は「あなたが何を好きか」というひとまとまりの名詞になります。

間接疑問文の疑問詞以下の語順は、関係代名詞の場合と同じ(→p.84)で〈疑問詞＋主語＋動詞〉となる場合が多いのですが、疑問詞が主語の役割を果たすときは〈疑問詞＋動詞〉となります。

| 疑問詞 | ＋ | 主語 | ＋ | 動詞 | |
| who | | you | | like | あなたが誰を好きか |

| 疑問詞 | ＋ | 動詞 | | |
| who | | likes | you | 誰があなたを好きか |

whether A or not(→p.90)も間接疑問文の仲間です。

訳のヒント／Tips for Translating

◎〔**ROLAND's Words 31**〕に登場する疑問詞whoは2つとも「誰が」という主語の役割を果たす疑問詞。who hates youは「誰があなたを嫌いか」、who likes youは「誰があなたを好きか」という意味です。

◎What's important「大切なこと」のwhatは関係代名詞です。

例文／Example Sentences

I know <u>where the audition for the new hosts is held</u>.

どこで新人ホストのオーディションが開催されるか知ってる。 疑問詞＋主語＋動詞

<u>What you have experienced</u> should come in useful.

▶come in useful：役に立つ　疑問詞＋主語＋動詞

あなたが経験したことはきっと役に立つでしょう。

I forgot <u>who she was</u>. 疑問詞＋主語＋動詞

彼女が誰だか忘れた。

---

column　語順が変わると意味も変わる

英語は語順が大切。語順が変わると、まったく違う意味になることがあります。

| who | likes | ROLAND |
| who | ＋ | 動詞 |

誰がローランドのことを好きか

| who | ROLAND | likes |
| who | ＋ | 主語 | ＋ | 動詞 |

ローランドが誰を好きか

英文法の大切さ、身に沁みますね。

ROLAND's Words

32

大事なのはどれだけ生きたかじゃなくて、
どう生きたか。

What's important is HOW you live, not how LONG you live.

ROLAND's Wordsから学ぶ文法・構文

間接疑問文 ❷

〔ROLAND's Words 32〕には、p.74 で学んだ間接疑問文〈疑問詞 (+ 主語) + 動詞〉の形が 2 つ入っています。

疑問詞	+	主語	+	動詞	
how		you		lived	どのように生きるか
how (long)		you		lived	どれだけ (長く) 生きるか

〔ROLAND's Words 32〕日本語は「どれだけ生きたか」「どう生きたか」と過去形になっていますが、実際の意味合いは「どれだけ生きるか」「どう生きるか」なので、英語では how you live 、how long you live となります。この場合、日本語に合わせて動詞を過去形 (lived) にしてしまうと、すでに亡くなっている人の生前の行動を表すことになるので注意が必要です。

なお、What's important「大事なこと」の what は関係代名詞です。

訳のヒント ∕ Tips for Translating

◎ What's important は「大切なもの」「大切なこと」という意味で、この1つのまとまりが主語。大切なのは「長さ＝LONG」ではなく、「どのように＝HOW」生きたか、と対比しながら強調するためあえて大文字にしています。

◎ 〔ROLAND's Words 31〕と〔ROLAND's Words 32〕に出てくる What's important について少し解説します。この場合、どちらも意味は「大切なこと」で what は関係代名詞です。しかし、下の例ではどうでしょう。

He asked me what I want.

「彼は私が何を欲しいかを尋ねた」と捉えると間接疑問文ですが、What's important と同じように、what を関係代名詞と捉え what I want を「私が欲しいもの」と訳すことも可能です。実はこれは文脈によるところがあり、どちらの解釈もあり得るということなのです。

例文 ∕ Example Sentences

when	I know when you go.	君がいつ行くのか知ってる。
where	I know where you live.	君がどこに住んでいるのか知ってる。
who	I know who you meet.	君が誰に会うか知ってる。
what	I know what you do.	君が何をするか知ってる。
why	I know why you go.	君がなぜ行くのか知ってる。
how	I know how you think.	君がどう考えるのか知ってる。
which	I know which you like.	君がどれが好きなのか知ってる。

column　Howで始まるあいさつ

〔ROLAND's Words 32〕に登場したhowは、会話のきっかけをつくるあいさつの中にもよく登場します。次のフレーズを覚えておくと、会話の出だしがスムーズになります。

How are you?　　　　 → フォーマルにもカジュアルにも使える「お元気ですか?」

How are you doing? → 仲間内で使うカジュアルな「元気?」

How have you been? → 久しぶりに会って「どうしてた?」という感じ

How about you?　　 → 「あなたはどう?」と会話のキャッチボールをする表現

無様にポリシーを曲げてまで勝つくらいなら、
自分のプライドを通して負けるほうを選ぶ。

I do choose to lose by sticking to my pride than to win by bending my policy in disgrace.

▶ stick to 〜：〜に固執する　▶ bend：曲げる　▶ in disgrace：不名誉に

ROLAND's Wordsから学ぶ文法・構文

強調の do

動詞の前に do（does、did）を置くことで、**動詞が意味する事柄が事実であることを強調する**働きがあります。こういった強調の do（does、did）を置く場合は、時制（現在、過去、未来）に関わらず、**後に続く動詞は必ず原形**にします。

〔ROLAND's Words 33〕の do choose は、「〜を**断然選ぶ**」というイメージです。

I like this red rose.　　　　私はこの赤いバラが好き。
↓
I **do** like this red rose.　　私は**本当に**この赤いバラが好き。

I loved you.　　　　　　　君のことを愛していた。
↓
I **did** love you.　　　　　君のことを**本当に**愛していた。

〔ROLAND's Words 33〕では、sticking to my pride「自分のプライドを貫くこと」のほうをI do choose「間違いなく選ぶ」という、確信に満ちた意志が感じられます。

訳のヒント／Tips for Translating

◎ choose to〜で「〜することを選ぶ」。

◎ stick＋前置詞＋（代）名詞で「〜に固執する、〜を守る、〜に忠実である」という意味になります。この場合のstickingは動名詞（→p.42）で、「〜に忠実であること」。sticking to my prideで「自分のプライドに忠実であること」、つまり「自分のプライドを貫くこと」となります。

◎ thanは「〜よりも…」と比較を表します（→p.58）。ここではto lose by sticking to my pride＝「自分のプライドにこだわって負ける」ことと to win by bending my policy in disgrace＝「不名誉にポリシーを曲げて勝つ」ことを比べ、前者を選びたい、と揺るぎない意志を伝えています。

例文／Example Sentences

He does choose something black and square.

彼はどうしても黒くて四角いものを選ぶ。

I do want to see ROLAND.

ぜひローランドに会いたい。

Kate does calculate money carefully.

ケイトは本当に丁寧にお金の計算をする。

▶ calculate：計算する
▶ carefully：注意深く

---

column　前置詞by

〔ROLAND's Words 33〕にも出てくるbyは、「〜によって」という意味の前置詞で、方法や手段を表します。byの持つ基本的な意味は「近接して」「そばに」というもので、そこから「ある対象のかたわらにおいて」→「ある対象によって」とイメージが広がります。

byは、受動態で行為者を表す場合にも使われます（→p.54）。

I used to commute to Kabukicho by taxi.

俺は昔タクシーで歌舞伎町に出勤していた。

▶ commute：通勤する

The acqua pazza was cooked by ROLAND.

アクアパッツァはローランドによって作られた。

自分自身は自分の最大の味方であり、
最後に支えてくれる存在。

**You are the greatest ally to yourself
and the one who stands there
for you at the end.**

▶ ally：味方

ROLAND's Words から学ぶ文法・構文
最上級

「**(複数の中で)最も〜だ**」と最高の状態を表すのが**最上級**です。
形容詞や副詞の語尾に **(i)est** をつけるのが基本の形ですが、形容詞や副詞の前に **the most** をつけるものや、比較級（→p.58）と同様、不規則に変化するものもあります。「最も」と限定した1つを指すことから、**最上級の形容詞や副詞には the をつけます。**

❶ 最上級の基本形

| the | + | 形容詞
副詞 | + | (i) est |

（例）

tall	→ tall**est**	最も高い
happy	→ happi**est**	最も幸せ
fast	→ fast**est**	最も速い

❷ the most ＋ 形容詞・副詞の形

| the most | + | 形容詞
副詞 |

（例）

| popular → | most popular |
| | 最も人気がある |

❸ 不規則変化

**形容詞・副詞が
不規則に変化する**

(例)

good	→ best（最も良い）
bad	→ worst（最も悪い）

最上級を使った文は、「〜の中で一番…」と表現することから、inやofを使って〈**the＋最上級＋in(of)〜**〉とするのが基本形です。
「〜の中で」を表す**in**と**of**は、次のように使い分けられます。

in 場所・範囲を表す ……… **in this city**（市内で）　　**in my class**（クラスの中で）

of 全体と部分の関係を表す…… **of the three**（3人の中で）　　**of all**（全体の中で）

訳のヒント ／ Tips for Translating

◎ the greatest ally to yourselfで「君自身にとって最も偉大な味方」。greatの最上級が使われています。

◎ 文中のoneは人を表す代名詞。the oneで「唯一の人」という意味になります。whoは先行詞が人の場合に使う関係代名詞。先に登場するthe oneについて後からstands there〜と説明し、「そばに立ったただ一人の人」という意味を表しています。

例文 ／ Example Sentences

I chose the smallest package of the three.

私は3つの中で一番小さい包みを選んだ。

The most beautiful city in the world is my city.

世界で最も美しい街は私の街だ。

column　意外に使われる「1」じゃない"one"

oneは、人だけでなくものにも使える便利な代名詞です。特定の「それ」を指すのはitですが、oneは特定されるものではなく、前に出てきた名詞と「同じ種類のもの」を指します。複数形はonesです。

I prefer the blue T-shirt to the red one.

青いシャツより赤い方が好き　　　　　▶ prefer 〜 to ... : 〜より…が好きだ

oneにtheがつく場合は、複数ある中の1つ（複数いる中の1人）を指します。You are the oneは「他に替えが効かない」という意味で「あなたは唯一無二の人」となります。

35

身につけるものはシンプルにしたい。
自分自身がブランド物なんで。

I always wear something simple since I myself am a luxury brand.

▶ luxury：高級な

ROLAND's Wordsから学ぶ文法・構文

接続詞 since

接続詞 since は「〜以来」「〜の時から」という訳のほうが馴染みがあるかもしれませんが、「〜なので」と理由を導く表現でもよく使われます。
理由を述べる接続詞は他にもあります。よく使われるのが because「なぜなら」です。because は理由と結果の因果関係が強い場合に使いますが、理由よりも結果を重視する時には since を用います。since はややフォーマルな表現なので、so「だから」で代用されることもあります。

「理由」を述べる接続詞

since 〜	= 〜なので
because	= なぜなら
so	= だから

◎日本語で「ブランド」というと高級ブランドが連想されますが、実は英語のbrandは単純に「銘柄」という意味しか持ちません。「高級ブランド」という意味合いを表現したい時には、例文のようにluxury「高級な」を付け足すとよいでしょう。

◎「いつでも」を表すalwaysを用い、どんな時でも変わらないローランドのスタンスを表現。

◎I myselfは強調表現。主語や補語、目的語のすぐ後に再帰代名詞oneself（myself、yourself、himself、herselfなど）を置くことで、対象を強調して伝えることができます。例えば、I am a luxury brand.なら「俺はブランド物だ。」ですが、I myself am a luxury brand.は「俺自身はブランド物だ。」となります。

例文／Example Sentences

Since he practices everyday, he speaks English fluently.
= He practices everyday, **so** he speaks English fluently.

彼は毎日訓練しているので、流暢に英語を話す。　　　▶fluently：流暢に

ROLAND became a big star because he was rebellious.

反骨心があったから、ローランドはビッグなスターになった。

▶rebellious：反骨心のある

---

column 頻度を表す表現

〔ROLAND's Words 35〕にあるalwaysは、「ずーっと、いつも」という意味を込めたい時に使う単語です。頻度を表す表現には、次のようなものがあります。度合いに合わせて使い分けましょう。

頻度		
高	always	**I always love you.** いつもずっと愛してる。
	usually	**He usually goes to his office at 7 a.m.** 彼はいつも午前7時にオフィスへ行く。
	often	**My mother often bakes cookies.** 母はしばしばクッキーを焼く。
低	occasionally	**She is occasionally late for school.** 彼女は時々学校に遅刻する。

「ノー」が言えない人の
「イエス」には価値はない。

"Yes" coming from a person who can't say "no" has no value.

▶ value：価値

ROLAND's Words から学ぶ文法・構文

関係代名詞 ❶

名詞とその名詞について説明する語句とをつなぐのが、関係代名詞の役割です。関係代名詞には、who 、which 、that の 3 つがあり、それぞれの使い分けは以下のようになります。

who → 説明する名詞が人の場合
which → 説明する名詞がものの場合
that → どの名詞にも使うことができる

関係代名詞を使う文の語順は以下のようになります。

a person	who	can't say
名詞	関係代名詞 who which that	動詞
名詞		主語 + 動詞

〔ROLAND's Words 36〕では、人を表す名詞person が使われているため who を用い、その後に動詞（can't）say が続いています。a person「人」→その person は、can't say "no"「ノーが言えない」……という順番で説明されます。

◎ coming from a person who 〜で、「〜な人から出てくる」。
◎ 名詞の前に no をつけると否定語になるので、has no value で「何の価値もない」という意味に。他にも I have no time.「時間がありません」や You have no choice.「君に選択肢はないよ」などのように使えます。

例文／**Example Sentences**

I live in the <u>house</u> <u>which</u> <u>has</u> a workout room.

▶workout：トレーニング　名詞＋which＋動詞

私はトレーニングルームのある家に住んでいる。

ROLAND cherishes the <u>letter</u> <u>which</u> <u>he</u> <u>received</u> from his mom.

▶cherish：大切にする　名詞＋which＋主語＋動詞

ローランドはお母さんからもらった手紙を大切にしている。

More words from ROLAND

いるんですよ、
自然とスポットライトを浴びちゃう人間が。

**There is a type of <u>person</u> in the world
<u>who</u> naturally ends up in the spotlight.**

▶end up：最終的にそうなる

---

column　"No" の伝え方

英語で "No（ノー）" と伝える時も、相手への配慮は必要。"No" の気持ちを伝える時は、例えばこんな表現を使います。

I'm afraid I can't.	お断りします。
I don't think so.	そうは思いません。
I can't agree with it.	賛成できません。
Let's not do it.	やめようよ。

本当に自分のことを好きになると劣等感はなくなるし、
周りのことは気にならなくなる。
自分の人生を生きられるようになる。

**Once you start loving yourself,
you won't feel like a loser anymore and
you won't care about what others think.
You will be able to live your life
as you wish.**

▶ start ~ing：～を始める ▶ loser：敗者

ROLAND's Wordsから学ぶ文法・構文

be able to ～「～することができる」

be able to ～は can（→p.132）とほぼ同じ意味です。厳密には、**can** は「やろうと思えばできる（可能性）」、**be able to ～**は「実際にできる」という違いがあります。また、〔**ROLAND's Words 37**〕のように未来を表す場合は、助動詞 will と can を同時に使うことができないため、**be able to ～**を用います。

be able to	+	動詞の原形	～することができる
be able to		live	生きることができる

訳のヒント／Tips for Translating

◎ once ～は「一度～したら」。ここでは、anymore「これ以上」とセットで用いています。feel like a loser は「負け犬のように感じる」、care about what others think は「他の人が考えていることを気にする」。未来のこ

とを表す助動詞willの否定形won'tを用い、「自分のことを一度愛し始めたら、これ以上はこのどちらもしなくなるだろう」と言っています。

◎ asにはさまざまな用法がありますが、ここでは「〜ように」の意味で使われています。as you wishで「あなたの望むように」。また、有名な表現にas you like「お気に召すままに」があります。

例文／Example Sentences

He will be able to become a first-class executive.
彼は一流の経営者になることができるだろう。　　　► executive：経営者、重役

The interpreter was able to proceed smoothly at the meeting.
通訳者は会議を滞りなく進めることができた。　　　► interpreter：通訳者

More words from ROLAND

不登校であることは気にしなくていい。
俺なら「自分が不登校なんじゃない。
学校側が俺様に来てもらえない不ローランだ」と考えてやるさ。

**You don't have to worry
about not being able to go to school.
If I were you, I would think, "It's not about ME not going
to school. It's the school who can't have me."**

► worry about：〜について心配する

---

column　wishを使いこなそう！

〔ROLAND's Words 37〕にも使われているwishには、「願いごと」「祈り」のような意味合いがあります。

I make a wish.　　　　　　願いごとをする。
I wish you a Merry Christmas!　メリー・クリスマス！
With best wishes.　　　　　ご多幸を祈ります。[手紙などの結びの言葉]

そして、こんなことわざも。

The wish is father to the thought.
望みは考えの親。願っているとそうなると思うようになるものだ。

自分が心に決めたことがあるなら、
他人になんと言われようが関係ない。

If your mind is set,
never mind
whatever people say.

▶ mind is set : 心が決まる

ROLAND's Words から学ぶ文法・構文

whatever「何が（を）しようとも」

whatever「たとえ何が（を）しようとも」は、〈no matter ＋疑問詞〉（→p.94）の言い換えのひとつです。

whatever	＋	主語＋動詞	～	たとえ（主語）が 何を～しようとも

whatever	people say

たとえ人々が何と言おうとも

whatever以外にも、**however**「どんなに～しようとも」、**whoever**「たとえ誰が～しようとも」、**whenever**「たとえいつ～しようとも」、**whichever**「たとえどちらが～しようとも」という表現があります。
〈**whatever ＋動詞**〉では、「たとえ何が（動詞）しようとも」となり、Whatever happens to ROLAND, he will achieve the goal.「たとえ何が起きようとも、ローランドはその目標を達成するだろう」のように使えま

す。whateverは、どんな逆境にも揺らがないローランドのマインドを表すのにぴったりのワードですね。

mindには名詞、動詞、どちらの用法もあります。最初に出てくるmindは「心」という意味を表す名詞。mind is setで「心が決められる」という受動態です（setは過去分詞形でもset）。次のmindは「気にする」という意味の動詞。never mindで「気にするな」という意味です。日本語の「ドンマイ」は「気にするな」のDon't mind. から来ています。

Whatever you do, I always love you.

たとえあなたが何をしても、いつも愛してる。

You can find ROLANDERS wherever you go in the world.

世界中どこへ行っても、ローランダーを見つけることができる。

Whatever gets in the way, ROLAND won't give up.

たとえ何が障害になろうとも、ローランドは諦めない。

---

column **大切なのは「心」だ**

〔ROLAND's Words 38〕にある「心」はmindを使っていますが、「心」を表す表現はいくつかあります。

mind 理性に基づく精神の働き

mind and body	心身
lose one's mind	正気を失う
What's on your mind?	どうしたの？

heart 感情に基づく精神の働き

a kind heart	優しい心
speak to the heart	心に訴える
She broke my heart.	彼女に失恋した。

spirit 肉体に対する精神

the human spirit	人の心
break one's spirit	人の意気をくじく
That's the spirit.	その調子だ。

39

決断をする時には、
「ローランドにふさわしいか、ふさわしくないか」
という基準で考える。

Whenever I have to make a decision,
I decide by
whether it suits ROLAND or not.

▶ whenever 〜：〜する時はいつでも
▶ make a decision：決断する　▶ decide：きっぱり決める

ROLAND's Words から学ぶ文法・構文

whether A or not 「AかAでないか」

whether 〜は「〜かどうか」を表す接続詞。Whether you did it or not is not important.「あなたがそれをしたかどうかは重要ではない」のように主語として使われることもあれば、He doesn't know whether his boss will join the project or not.「彼は上司がそのプロジェクトに参加するかどうかを知らない」のように主語以外（補語や目的語）として使われることもあります。

whether + **or not**

↑省略されることが多い

She can't decide whether she will go there (or not).
彼女はそこへ行くかどうかを決められない。

ちなみにローランドのお気に入りの表現、believe it or not「信じられないだろうけど」は、whether you believe it or notが省略された形の決まり文句。「嘘のような本当の話」をする時に使います。

また、notの代わりにBを置き〈**whether A or B**〉とすると、「**AかBか**」という意味になります。

She can't decide whether she will go to Akihabara or Shin-Okubo.
彼女は秋葉原に行くか、新大久保に行くか決められない。

訳のヒント／Tips for Translating

suitは名詞だと「スーツ」「衣服」という意味ですが、動詞の場合は「〜に適する」という意味になります。

例文／Example Sentences

It doesn't matter to me whether people like me or not.
人によく思われるかどうかは、私には重要ではない。 ▶matter：問題、重要なこと

Would you tell me when you decide whether to participate or not? ▶participate：参加する
参加するかどうか決めたら教えてくれる？

He's been thinking whether to change his job or not.
彼は転職しようかどうか、ずっと迷っている。

We will decide whether to hire him or not from now.
彼を採用するかどうか、これから決めます。 ▶hire：雇う

column either、neither、bothの使い分け

either A or B　AかBかどちらか

Either you or I have to help our teacher.
あなたか私のどちらかが先生を手伝わないと。

neither A nor B　AもBもどちらも〜ない

Neither you nor I have to help our teacher.
あなたも私も先生を手伝う必要はない。

both A and B　AもBもどちらも

Both you and I helped our teacher after all. ▶after all：結局
結局、あなたも私も先生を手伝った。

仕事において、
お金よりもやりがいを追求したい。

I would like to feel rewarded while working rather than just to make money.

▶ feel rewarded：やりがいを感じる

A rather than B 「BよりもむしろA」

rather には「やや」「思ったより」「ずいぶん」などのさまざまな意味があり、文脈によって使い分けられます。than と合わせて A rather than B とすると、「B よりもむしろ A」という比較を表す定型表現になります。

	A	>	B
He treasures	love	rather than	money .
彼は 大切にする	愛を	〜よりも	お金

彼はお金よりも愛を大事にする。

比較を表す定型表現には、他にも次のようなものがあります。

❶ superior to 「〜より優れている」
This new machine is superior to the old one.
この新しいマシンは古いものより優れている。

❷ inferior to 「〜より劣っている」

This book is inferior to that one.　この本はあの本より劣っている。

訳のヒント／Tips for Translating

◎ feel rewarded は「やりがいを感じる」。feel 〜 を使えば、feel happy 「幸せな気持ちになる」、feel good「気分がいい」、feel comfortable ／ uncomfortable「居心地がいい／悪い」など、さまざまな感情を表現することができます。

◎ while working は「仕事をしている時に」。working は分詞構文で(→p.60)、while I am working の省略した形です。

◎ just は「単に」。例えばちょっとお店を覗きたいだけの時は、店員さんに May I help you ?「何かお手伝いしましょうか？」と聞かれたら、I'm just looking, thanks.「ちょっと見ているだけなので大丈夫です、ありがとう」と答えれば大丈夫です。just to make money で「単にお金を稼ぐこと」。ローランドにとって仕事は、単なる生活の手段以上の意味を持つ大切なものであることがわかりますね。

例文／Example Sentences

I want to love rather than to be loved.

私は愛されるよりもむしろ愛したい。

She would go out for dinner with her boyfriend rather than with her brother.

彼女は兄よりもむしろボーイフレンドとディナーに行きたがっている。

His sister is beautiful rather than pretty.

彼の妹はかわいいというよりもむしろ美しい。

---

column 「〜したい」と丁寧に言いたい時は

I would like to 〜 (I'd like to 〜) は、「できれば〜したい」と自分の願望を丁寧に表現します。また、would を文頭に持ってきて Would you 〜 ? とすると依頼文になります(→p.27)。

I would like to make a reservation.　予約をしたいのですが。

I'd like to buy some drinks.　飲み物を買いたいのですが。

Would you like to come with us?　私たちと一緒に来ますか？

I would like to 〜 (I'd like to 〜) を使って、自分の願望をエレガントに相手に伝えてみてくださいね。

41

自分のやってることが正しいと思うなら、
いためつけられようが自分のスタイルを貫けばいい。

If you think
what you are doing is right,
stick with your style
no matter how much you are beaten up.

▶ stick with ～ : ～にこだわる ▶ beat up : いためつける

ROLAND's Wordsから学ぶ文法・構文

no matter ＋疑問詞「たとえ〜でも」

matter には、「問題」や「重要なこと」という意味があります。〈no matter ＋疑問詞〉の形で、「たとえ〜でも」という意味になります。〔ROLAND's Words 41〕のように、疑問詞がhow「どれだけ」の場合は、「たとえどれだけ〜しても」となります。

また、no matter how は however(→p.88) と言い換えることもできます。

no matter + how

no matter how long you wait
= however long you wait
　　　　たとえあなたがどれだけ長く待とうとも

◎ think A is B で「A が B だと思う」。この文では、A は what you are doing「あなたがやっていること」、B は right「正しい」となり、you think what you are doing is right で「あなたが自分のやっていることを正しいと思う」となります。

◎ stick with your style は「自分のスタイルにこだわれ」という命令形です。no matter how much 〜で「どんなにたくさん〜でも」。これは後に続く you are beaten up「あなたがどんなにいためつけられても」にかかっています。どんなにたくさんいためつけられたとしても自分のスタイルにこだわれ、というローランドの強いメッセージを表しています。

例文／Example Sentences

No matter how he urges me to do it, I don't change my mind.
= **However** he urges me to do it, I don't change my mind.

▶urge：しきりに促す

どれだけ彼がそれをするように促しても、俺の気持ちは変わらない。

No matter what people think, I am going my way.
= **Whatever** people think, I am going my way.

人が何を思おうと、俺は俺の道を行く。

No matter when you decide, she will go with you.
= **Whenever** you decide, she will go with you.

あなたが決心するのがいつになろうと、彼女はあなたについて行くでしょう。

---

column 大活躍の right

right には「右」のほかに、〔ROLAND's Words 41〕にあるように「正しい」という意味があります。また、「正常な」「まさに」「ただちに」など幅広い意味を持ち、会話の中でよく使われます。

That's right.	そのとおり。
All right.	いいよ。
I'll check it right away.	すぐに確認します。
I'll be right back.	すぐに戻ってくるよ。
I'm studying English right now.	ちょうど今勉強しているところ。
I'm busy right now.	（まさに）今はちょっと忙しいんだ。

3. 努力することは恥ずかしいことじゃない

——「何かを頑張ること」の意味は何でしょうか？

僕は自己愛がとても強いタイプです。毎朝「自分であることに感謝」と思いながら起きるし、「生まれ変わってもまた、僕でありたい」と本気で思っています。でもこんな自己愛の塊である僕も、高校時代は自分のことが心底嫌いだったんですよ。

僕は幼少期から、サッカーなら誰にも負けない自信があって、将来はプロになるものだと当然のように思っていました。でも高校に入って直面したのは「自分よりすごい奴なんて五万といる」という現実。それであっという間に自己肯定力を失い、苦しい3年間を過ごしました。

あの時代を思い返すたび、痛烈に思うんです。自分を愛せない人生は、とても辛いと。

SNS社会の今は知らない人の動向が嫌でも目に入ってくるし、誰かと自分を比べてしまいがちですよね。そんな中で、自分を好きになれず、辛い思いをしている人もいるでしょう。

でも人生の主役は自分だけで、あとは「それ以外」のエキストラです。だから、自分だけは自分を愛してあげなくちゃいけない。

だからこそ、努力することが大事なんだと思います。何となく過ごすだけで自信や自己愛を得るのは難しいから。頑張って、少しずつでいいから結果を出すことで、自分への信頼感を育てていくんです。

僕は自分のストイックなところが大好きです。昨日の自分を超えようと奮闘している姿は、たまらなくカッコいいと思っています。

今回、「ホストしかしてこなかったあなたに、英語ができるようになるわけない」なんて声も聞こえてきますよ。でも僕はこれまで、周りに「無理だ」と笑われた夢も現実にしてきた。僕の人生の主役は僕。誰に何を言われても自分の可能性を信じていればいいし、笑われるくらいの夢のほうが叶える価値があるとわかっています。だから、自信を奪う声には耳を傾けません。

車のエンジンをかけなければ、決して事故は起きないし安全ですよね。でも、それでは永遠に目的地に着くことはない。自分をさらに好きになるためにも、どんなに恥をかいてもいいから、僕は英語の勉強を続けよう。そう思っています。

悔しさを燃料に、その先へ

Stepping Forward Fueled by Frustration

辛いことも乗り越えたら
それは財産だ。

Once you overcome
a tough situation,
it'll be your life asset.

▶overcome：（困難に）打ち勝つ　▶tough：困難な　▶asset：財産

ROLAND's Wordsから学ぶ文法・構文

助動詞 will

will は「〜だろう」「〜するつもりだ」など、未来のことを表す助動詞で、意味合いとしては、推量や意志、習慣などがあります。will の後には動詞の原形を持ってきて、I will go there tomorrow.「私は明日、そこへ行きます。」のように使います。

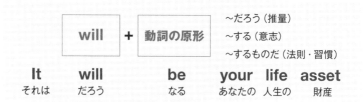

| | will | + | 動詞の原形 | 〜だろう（推量）〜する（意志）〜するものだ（法則・習慣） |

| It | will | be | your life asset |
| それは | だろう | なる | あなたの 人生の 財産 |

〔**ROLAND's Words 42**〕の it'll（＝ it will）be 〜は、「〜になるだろう」という推量の意味で使われています。

◎ once ～は「一度～するとすぐに」「～したら」という接続詞。ここでは you overcome a tough situationにかかっているので、「君たちがこの厳しい状況を乗り越えたら」という意味になります。

◎ assetは「資産・財産」。lifeをつけることで、お金としての財産ではなく、人としての財産を表現しています。it'll be your life assetを直訳すると「それは君たちの（人生における）財産になるだろう」の意味。

例文／Example Sentences

You <u>will</u> arrive at Hachioji station in 15 minutes. | 推量

15分で八王子駅に着く<u>でしょう</u>。

The bronze statue <u>will</u> be completed tomorrow. | 推量

その銅像は明日、完成<u>する</u>。

I <u>will</u> study hard to pass the exam. | 意志

試験に合格するため一生懸命に勉強<u>する</u>。

More words from ROLAND

次回のローランドのイベントは、
みんなが全員整列できるように万里の長城でやることにするよ。

For the next ROLAND event,
I <u>will</u> try to hold it at the Great Wall of China,
so everyone could wait in a straight line.

▶the Great Wall of China：万里の長城　▶in a straight line：一直線に

---

column 未来の話をしよう

未来のことを表す表現にはwillの他にも、be going to ～「～することになっている」や、すでに決まっている近い将来を表す現在進行形などもあります。

I <u>am going to</u> be a college student this spring. | be going to ～

私は、この春大学生に<u>なる</u>。

I'm <u>leaving</u> for New York tomorrow. | 現在進行形

明日ニューヨークに出発<u>する</u>。

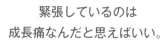

ROLAND's Words

43

緊張しているのは
成長痛なんだと思えばいい。

If you are feeling nervous,
you should take that feeling
as growing pains.

▶nervous：緊張して　▶take：受け止める　▶growing pains：成長痛

ROLAND's Words から学ぶ文法・構文

助動詞 should

should は shall（→p.44）の過去形ですが、「**～すべきだ**」（**義務**）、「**～したほう
がよい**」（**助言**）、「**～のはずだ**」（**確信**）という意味で使われます。
will と同様、後には必ず動詞の原形が続きます。

should	**+**	**動詞の原形**

～すべきだ（義務）
～したほうがよい（助言）
～のはずだ（確信）

You	**should**	**take**	**that**	**feeling**
あなたは	～したほうがよい	受け止める	その	感覚

〔**ROLAND's Words 43**〕の should は、「～したほうがよい」という意味で使われ
ています。take には、「取る」のほか、「～を…として受け止める」という意味も。
ROLAND took LINE as just a tool for survival confirmation.「ローランドは
LINE を単なる生存確認のためのツールと捉えていた」のように使われます。

ROLAND ENGLISH

◎「成長痛」は growing pains と複数形にします。痛みを表す表現には、pain と ache がありますが、pain は部分的な鋭い痛みや精神的な苦痛を表すのに対し、ache は継続的な鈍い痛みを表します。ache の例には headache「頭痛」、heartache「心痛」などがあります。

◎ take 〜 as ... で「〜を…として受け止める」。「〜」にあたるのは that feeling「その感覚」、つまり英文前半の you are feeling nervous「あなたが緊張を感じている」ことを指しています。「…」にあたるのは growing pains「成長痛」です。

例文／Example Sentences

You should praise your subordinates for their good points. 　義務

部下の良いところは褒める<u>べきだ</u>。　　　▶praise：褒める　▶subordinate：部下

The weather in Kiyose City should be great. 　確信

清瀬市の天気はよい<u>はずだ</u>。

More words from ROLAND

男に生まれたからには、地球の１つや２つは幸せにしないと。

A man should make a world or two happy.

---

column 本当に痛い時は病院へ

受診する時に使う表現を集めました。

		Point
I have a stomachache.	お腹が痛い。●	「頭痛」は headache、「歯痛」は toothache
I go to a doctor.	医者へ行く。	
I show my insurance card at the reception.	受付で保険証を見せる。	
I have my temperature taken.	熱を測る。	
The doctor sees me.	医者が診察する。	
I get my prescription.	処方箋を受けとる。	
Get well soon!	早くよくなりますように。	

▶insurance：保険　▶reception：受付　▶temperature：体温
▶prescription：処方箋

落ち込んだり悔しいっていう気持ちを
感じたりすることがあったら、
「俺はまだまだ上に行けるんだ」って逆にうれしい。

When I'm depressed or frustrated, it actually makes me feel happy by thinking "I can still go up."

▶depressed：落ち込んで　▶frustrated：挫折感を持った

ROLAND's Words から学ぶ文法・構文

使役動詞❷make

使役動詞 let(→p.72) と同様に、〈make ＋人(もの)＋動詞の原形〉で「人(もの)に〜をさせる」という意味になります。

make	＋	名詞	＋	動詞の原形
make		**me**		**feel**
〜させる		私に		感じる　→私に感じさせる

訳のヒント／Tips for Translating

◎ actually は会話によく登場する単語で、「実際に」「現に」「(驚くかもしれないけど)本当に」といった意味を持ちます。ここでは「本当に」と強調の意味で使っています。

◎ still には「さらに」「一層」といった意味があり、ローランドの高みを目指す意気込みを表しています。

Eating caviar in the morning makes me feel healthy.

朝、キャビアを食べるのは私には健康的に感じる。

I made my son clean up.

私は息子に片付けをさせた。

Professor Smith made us discuss the topic.

スミス教授は、そのトピックについて私たちに話し合わせた。

More words from ROLAND

『君か君以外か』と言える女性に会いたいな。

**I want to meet a woman someday
who would make me say "It's you or no one else".**

解説　もとの名言の意味合いからsomeday「いつか」を入れました。
make me sayは直訳すると「俺に言わせる」です。

---

column　ポジティブな感情表現いろいろ

glad　うれしい

I'm glad to meet you.
会えてうれしい。[初対面のあいさつ]

pleased　うれしい

**I'm pleased to hear you became an ambassador
for that soccer team.**
あなたがあのサッカーチームのアンバサダーになったと聞いてうれしい。

satisfied　満足する

I'm satisfied with everyone's happy smile.
みんなの幸せそうな笑顔に満足だ。

excited　わくわくする

I'm excited about the release of the new product coming soon.
新商品の発売が近づいてきて、わくわくする。

学生時代がコンプレックスの人は、
努力して学生時代のヒーローを打ち負かせ。

**If you have bitter memories
of your old school days,
work hard and beat the heroes
of those days.**

▶bitter：苦い、つらい　▶beat：打ち負かす

ROLAND's Words から学ぶ文法・構文

命令文

相手に「〜して」「〜しろ」「〜しなさい」と命令するのが**命令文**。動詞の原形で文を始めます。

「命令」と名のつく通り、**命令文**の表現は相手にきつい印象を与えますが、文のはじめか終わりに **please** をつけることで、「**〜してください**」というやわらかな印象の表現にすることができます。

<u>**Work**</u>　**hard.**　　　一生懸命働け。
↑
動詞の原形

Please work hard.
Work hard, please.　一生懸命働いてください。

〔**ROLAND's Words 45**〕では、後半部分のwork hard and beat 〜が命令文にあたり、workとbeatの2つの動詞がローランドの勧める動作ということになります。

◎ bitter memoriesは「苦い（つらい）思い出」。school daysの前にoldをつけることで、「昔の」「過去の」という意味を補完しています。If you have bitter memories of your old school daysの直訳は「もし君たちが過去の学生時代の中に苦い（つらい）思い出を持っているのなら」。

◎ workの代表的な意味は「働く」ですが、「何かに取り組む」という意味もあります。仕事、勉強、作品作りなどその対象は幅広く、〔**ROLAND's Words 45**〕のwork hardには、「仕事、勉強など何らかの分野に一生懸命取り組め！」というニュアンスがあります。

◎ the heroes of those daysで「その頃（学生時代）のヒーローたち」。

<u>Watch</u> your step.
足元に<u>気をつけて</u>。

<u>Be</u> careful not to fall in love with me when you look at me.
俺を見る時は恋に落ちないように注意<u>して</u>。

Please <u>put</u> the cables <u>together</u>. ▶ put together：まとめる
ケーブルをきちんと<u>まとめて</u>ください。

---

column **誰だってみんなヒーローだ**

学校生活に関する表現を集めました。勉強が苦手でも、スポーツに自信がなくても、人間関係でつまずいてもいい。君は間違いなく、君の人生の主役なんだということを忘れずに！

入学式	entrance ceremony	新学期	new school year
遠足	field trip	運動会	sports day
修学旅行	school trip	授業参観	open class day
文化祭	school festival	生徒会	student council meeting
部活動	club activity	卒業式	graduation ceremony

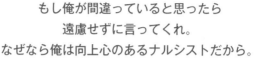

ROLAND's Words
46

もし俺が間違っていると思ったら
遠慮せずに言ってくれ。
なぜなら俺は向上心のあるナルシストだから。

Don't hesitate to tell me
when you think I'm wrong.
Because I'm a narcissist
with aspirations.

▶hesitate to ～：～することを躊躇する　▶aspirations：向上心

ROLAND's Words から学ぶ文法・構文

否定の命令文

命令文（→p.104）は動詞の原形で始めますが、動詞の原形の前に **Don't** を置くと「～するな」「～しないで」という否定の命令文になります。

Don't	+	動詞の原形	～しないで

Don't	**hesitate**	**to tell**	**me**
躊躇しないで		言うことを	俺に

命令文	**Walk slow.**	ゆっくり歩け。
否定の命令文	**Don't walk slow.**	ゆっくり歩くな。

Don't で始まる命令文は、少しきつい印象を与えますが、**Let's not** で始めると「（一緒に）～しないようにしよう」というやわらかい言い回しになります。

Let's not disturb the meeting.

会議の邪魔をしないようにしよう。

▶disturb：妨害する

訳のヒント／Tips for Translating

◎ when you think I'm wrong で「君が、俺は間違っていると思った時は」。
◎ with は「〜とともにある」「〜を持っている」という意味を持つ前置詞。

例文／Example Sentences

Don't show me any insects.

▶insect：昆虫、虫

俺に虫を見せ<u>ないで</u>。

Don't listen to the words that hurt you.

自分を傷つける言葉に耳を貸<u>すな</u>。

More words from ROLAND

できない理由を探すよりも、できる理由を探せ。

<u>Don't look</u> for the reason why you can't.
Find out why you can.

▶look for：（人・ものを）捜す　　▶find out：見つけ出す

---

column　「ナルシスト」の由来って？

「ナルシスト」は、「自分のことが大好きな人」という意味でよく使われますね。
このナルシストという言葉は、次のギリシャ神話に由来しています。

あるところにナルキッソスという名の少年がいました。彼は非常に美しかった
ので女性から言い寄られることも多かったのですが、誰にも興味を持つことは
ありませんでした。
そんなある日、ナルキッソスは池で美しい人に出会います。彼はたちまちその
人物に恋をし、足しげく池に通うようになりました。
しかし、実はその人物は、ナルキッソス自身の姿が池の水面に映ったものだっ
たのです。それに気づき、叶うことのない恋に絶望したナルキッソスは食事も
喉を通らなくなり、ついに死んでしまいました。
この物語から、自己愛の強い人を「ナルシスト」と呼ぶようになりました。

47

「使えない後輩だな」と思われたら、
「使いこなせない、の間違いだろ？」と思えばいい。

If anyone thinks of you as his "useless junior", you should just think "You mean you can't handle me, don't you?"

▶ anyone：誰か　▶ useless：役に立たない
▶ junior：後輩　▶ handle：扱う

ROLAND's Wordsから学ぶ文法・構文

付加疑問文

軽い疑問を投げかけたり、「〜だよね」「〜じゃない？」「〜でしょ？」と同意
を求めたり確認したりする時に使われるのが、**付加疑問文**です。肯定文な
ら文の後ろに否定の疑問形を、否定文 (→p.68) なら文の後ろに肯定の疑問
形をつけます。

108

肯定文　**You think so, don't you?**

そう考えるよね。

Yes / No疑問文の語順
（主語は代名詞に）

否定文　**You don't think so, do you?**

そう考えないよね。

Point 付加疑問文の作り方

〈be動詞〉
You are ~, aren't you?
He is ~, isn't he?

〈一般動詞〉（　）に一般動詞が入る
You（mean）~, don't you?
He（means）~, doesn't he?

〔ROLAND's Words 47〕では、You mean you can't handle me, don't you? が付加疑問文です。文の中に否定形 can't があるので混乱するかもしれませんが、don't you? は you mean に対して使われています。直訳すると「あなたは『あなたが私を扱えない』ということを言ってるんですよね？」となります。

You mean you can't handle me, **don't you?**

訳のヒント／Tips for Translating

◎ anyone は someone と同じ「不特定の１人」ですが、**If節（If＋主語＋動詞）や疑問文・否定文の中では anyone を使います。**「『使えない後輩だな』と思われたら」は、「誰かがあなたのことを『使えない後輩』と思ったら」として訳しています。

例文／Example Sentences

You like him, don't you?
彼のこと好きでしょ？

She's not cheating me, is she?
彼女は僕をだましてないよね？

Point
「だます」に「浮気する」の意味合いが含まれる場合は cheating on。

More words from ROLAND

前を見るという気持ちもそうだけど、
行動自体もすごい大事なんじゃない？

It's important to have a forward-looking mindset, but acting on it is even more important, _isn't it_?

► forward-looking mindset：前向きな考え方
► act on：（自分の考えなどに）従って行動する

ROLAND's Words
48

どんなことでも、負けない唯一の方法は、
「最初から戦わないこと」しかないよ。

The only way not to lose is
"never to start the fight."

▶lose：負ける　▶fight：戦い

ROLAND's Wordsから学ぶ文法・構文
to不定詞の否定　not to ＋動詞の原形

to不定詞（to＋動詞の原形）で「〜すること」「〜するために」「〜するための」という意味を表現できることはすでに学びました（→p.28）。このto不定詞の前にnotを置き、〈not＋to不定詞〉とすると、「〜しないこと」「〜しないために」「〜しないための」と、否定の意味にすることができます。

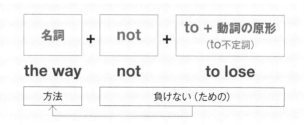

the way not to loseは「負けないための方法」。このto不定詞は、名詞the wayについて説明しているので形容詞の役割をする用法です。

〔ROLAND's Words 48〕の never to start 〜のように not の代わりに never を置くこともできます。never を使うと否定の度合いは強くなり、「**決して〜しないこと**」という意味合いに。ここでは名詞の役割をする用法が使われ、never to start the fight で「決して戦いを始めないこと」という意味になります。

例文／Example Sentences

My grandfather told me <u>not to get</u> too close to the woods.
祖父は私にその森に<u>近づかないように</u>と言った。

It is so difficult <u>not to buy</u> anything.
<u>何も買わないこと</u>は難しい。

My father told my sister <u>not to stay</u> out late.
父は姉に<u>夜遊びしないように</u>言った。

More words from ROLAND

身長高くて、面白くて、スポーツもできる。
いよいよローランドに惚れない理由がなくなってきた。

**Tall, fun and athletic.
There is no reason for ladies <u>NOT to</u> fall in love
with ROLAND.**

---

column　日常会話に散りばめられた never

「決して〜しない」という強めの印象を受ける never ですが、意外と日常生活でも使われることの多い便利な単語です。

<u>Never</u> again.	二度としない。
<u>Never</u> mind.	なんでもない。（気にしないで）
<u>Never</u> speak to me.	もう話しかけないで。
<u>Never</u> too late to learn.	学ぶのに遅すぎるということはない。
You <u>never</u> change.	変わらないね。
<u>Never</u> been there.	行ったことない。
<u>Never</u> give up!	諦めるな！
Now or <u>never</u>.	今しかない。

ROLAND's Words
49

ミスしたってことは、
もっと成長できるということ。
だからワクワクする。

Making a mistake means there is more room for me to grow up. It excites me.

▶room：余地

ROLAND's Wordsから学ぶ文法・構文

～ing形の4つの用法

動詞の〈～ing形〉には、以下の4つの用法があります。

❶ **進行形** 継続している状態を表す

be動詞	＋	動詞の～ing形

I am studying English.
私は英語を勉強している。

❷ **動名詞** 「～すること」という名詞の役割を持つ（→p.42）

Studying English is very meaningful.
英語を勉強することはとても有意義だ。

❸ **後置修飾**「〜している（名詞）」と名詞を後ろから修飾する

He is a Chinese studying English with me.

彼は私と一緒に英語を<u>勉強している</u>中国人です。

❹ **現在分詞の分詞構文**「〜している時」「〜だから」と文を修飾する（→p.60）

**Studying English for 10 years, I know how to use
English grammar.**

10年間<u>勉強してきたので</u>、英文法の使い方を知っている。

〔ROLAND's Words 49〕のMaking a mistakeは「ミスをすること」という意味。上の4つの用法のうち、❷にあたります。

訳のヒント／Tips for Translating

◎「成長できる」を「成長するための余地がある」と解釈しました。room には「部屋（a room）」以外に、「余地（room）」という意味があります。
◎ 2つ目の文のItは、1つ目の文「ミスをしたってことは、もっと成長できること」という文全体を指しています。exciteは「わくわくさせる」。It excites me.は直訳すると「それが私をわくわくさせる」。

---

column 毎日は「わくわく」で溢れている

exciteの変化形で、さまざまな状況に応じた「わくわくする」を表現できます。

excite「（人を）わくわくさせる」 | 動詞 |

The birthday event excites me.
バースデーイベントは私を<u>わくわくさせる</u>。

exciting「わくわくするような」 | 形容詞 |

The great plan is exciting.
素晴らしいプランに<u>わくわくする</u>。

excited「（人が）わくわくしている」 | 形容詞 |

I'm excited about our plan tomorrow.
明日の予定に<u>わくわくする</u>。

excitedly「わくわくして」 | 副詞 |

I opened the box from him excitedly.
私は<u>わくわくしながら</u>彼からもらった箱を開けた。

50

「昨日の自分に勝ちたい」
という気持ちでずっとやってきた。

I have been doing my best, always thinking "I want to beat my past self."

▶beat：打ち負かす　▶my past self：過去の自分

ROLAND's Words から学ぶ文法・構文

現在完了進行形

p.62 で学んだ現在完了形に進行形を加えたものが、**現在完了進行形**です。

過去からの継続を表す過去分詞に進行形を加えることで、過去に始まった行為が現在もなお継続しているイメージがより強調されます。「ずっと続いていてもう大変なんだよ」という気持ちが込められる場合も多くあります。

現在完了形	**It has snowed for three days.**
	3日間雪が降った。
↓ 進行形にすると…	
現在完了進行形	**It has been snowing for three days.**
	3日間雪が降った（今も降っている）。

訳のヒント／Tips for Translating

◎ thinking 〜は p.112 の〈〜ing形〉の❹分詞構文。「〜と考えて」「〜と考えながら」という意味になります。ローランドが常に「昨日の自分に勝ちたい」という思いを携えてきたことを表現。

◎ one's self で「〜自身」なので、myself で「私自身、自分自身」。そこに過去を表す past を挿入することで「過去の私自身」という意味になります。

例文／Example Sentences

My sister has been reading comics since she was a kid.

姉は幼い頃から、ずっと漫画を読んでいる。

The guy has been kicking a soccer ball at the hill.

その男性はずっと丘でサッカーボールを蹴っている。

ROLAND has been watching "LoveLive!" for hours.

ローランドはもう何時間も『ラブライブ！』を観ている。

column selfの応用

ガソリンスタンドやレジで取り入れられるようになった「セルフ」。このselfには、「その人自身」という意味があります。
selfに所有格を追加したものが、myself「私自身」、yourself「あなた自身」、himself「彼自身」、herself「彼女自身」、ourselves「私たち自身」など。
こんな表現も覚えておきましょう。

by myself　「自分ひとりで」「ひとりぼっちで」「ひとりだけの力で」

I live here by myself.
ここにひとりで住んでいる。

for myself　「自分のために」「自分だけで」

I practice talking for myself.
自分のためにトークの練習をしている。

昔は俺も劣等感の塊だった。
劣等感があるのはものすごいチャンス。
それを素晴らしい燃料に、ものすごく遠くに行けるから。

I used to have
a big inferiority complex,
which gave me a big chance
and motivation to go beyond.

▶used to ~：かつては～したものだ　▶inferiority complex：劣等感
▶motivation：モチベーション、意欲　▶beyond：(～の範囲・限界)を超えて

ROLAND's Words から学ぶ文法・構文

関係代名詞❷ 前の文全体を先行詞とするwhich

p.84 で学んだように、that や which などの**関係代名詞**を使うと、**先に登場する名詞に対し、後から説明を補う**ことができます。この時、説明される名詞を「先行詞」と呼びますが、先行詞は単語だけでなく、文全体のこともあります。それぞれの例を見てみましょう。

I usually have a pen, which my brother gave me.

ペン　←　(それは) 兄が私にくれた

先行詞　which　先行詞 (ペン) の説明

I drink coffee in the morning, which is my morning routine.

私は朝コーヒーを飲む　←　それが私の朝のルーティンだ

先行詞　which　先行詞 (朝コーヒーを飲むこと) の説明

〔ROLAND's Words 51〕では、I used to have a big inferiority complex「俺は かつては大きな劣等感を抱いていた」の部分が先行詞になります。そして whichの後に続く gave me a big chance and motivation to go beyond「俺 に遥か彼方へ行くための大きなチャンスとモチベーションを与えた」が、 その文を修飾しています。

訳のヒント／Tips for Translating

〈used to ＋動詞の原形〉で「かつては～だった」。濁さず「ユーストゥ」と発 音します。

例文／Example Sentences

I had to close my club, <u>which</u> made me so sad.
そのクラブを閉めなければならなかったことは、とても悲しかった。

Everyone helped me, <u>which</u> I will never forget.
みんなが助けてくれたことは、ずっと忘れない。

I bought a purple Goshuin stamp book, <u>which</u> pleased me.
私は紫色のご朱印帳を買って、嬉しくなった。

---

column 過去を語ろう used to ～

〈used to ＋動詞の原形〉で「以前は～だった」という表現になります。
人以外も主語にすることができます。

I <u>used to live</u> in Osaka.
私は、以前、大阪に住んでいた。

Point

> used to ～の頭にbeをつけてbe used to ～にすると、「～に慣れる」 というまったく違う意味に。例え ば、I'm getting used to speaking English.「英語で話すことに慣れて きている。」のように使います。

I <u>used to like</u> her.
俺は、以前は、彼女が好きだった。

I <u>used to be</u> a soccer player.
俺は、以前はサッカー選手だった。

These outfit <u>used to look</u> great on me.
この服は昔、私にすごく似合っていた。

There <u>used to be</u> a nice cafe here.
ここには昔、素敵なカフェがあったんだよ。

「できない」とか「無理」という言葉は、
限界まで頑張ったヤツが言う言葉だ。

**You can't use the word
"impossible" or "no way"
until you have done your best
to the limit.**

▶word：言葉　▶limit：限界

ROLAND's Wordsから学ぶ文法・構文

not A until B「Bして初めてAする」

until 〜は「〜まで」という意味。その前にnotが入ることで、not A until B「BするまでAしない」という意味になります。これが転じて「**Bして、初めてAする**」という意味になります。

not A until B　　Bして初めてAする

〔**ROLAND's Words 52**〕を上の構文に当てはめると、Aがuse the word "impossible" or "no way"「『できない』『無理』という言葉を使う」、Bがyou have done your best to the limit「あなたが限界まで全力を尽くした」となります。文全体を直訳すると「あなたが限界まで全力を尽くして初めて『できない』『無理』という言葉を使うことができる」となります。

have done your bestと完了形を用いることで、「全力を尽くすということを済ませたら」という完了の意味合いを強めています。

not A until B は、It isn't until B that A. 「B になって初めて A する」という強調構文としても用いられます。

It isn't until you have done it that you can use the word.

それをするまでその言葉は使わない。→それをして初めてその言葉を使える。

to the limit で「限界まで」。反対に、「限界はない」という表現には There is no limit. のほか、The sky is the limit. も。空には実質的に上限がないことから、「限界知らず」という意味合いになります。果敢に挑戦し続けるローランドに、ぜひ使ってほしい表現です。

例文／Example Sentences

We can't move until he comes.

彼が来て初めて動くことができる。（彼が来るまで動くことができない。）

Joe didn't agree with me until he found out the truth.

ジョーは真実を知って、初めて私に賛成した。
（ジョーは真実を知るまで私に賛成しなかった。）

It wasn't until the day before that I knew about the itinerary.

前日になって初めて旅行の日程を知った。　　　　　　　　▶itinerary：旅程

---

column　角の立たない断り方をマスター

頼まれごとをお断りする時には、やんわりと断る表現で相手への配慮を。

I don't think I can do it.	私にはできないと思う。
I don't feel like it.	そんな気分じゃない。
I don't have time to do it.	時間がない。
It's over my head.	私には難しすぎる。

▶over my head：難しすぎて理解できない（チンプンカンプン）

• I'm tied up.	手が離せない。
I can't concentrate.	集中できない。

Point　　　　　　　　　　　　　　　　　　　▶concentrate：集中する

> tied up は「超忙しい」という意味。
> very busy に置きかえられる。

去る者は追い越せ。

Outrun those who leave.

▶outrun：追い越す

ROLAND's Wordsから学ぶ文法・構文

those who 〜「〜する人々」

that「あれ」の複数形である **those**「あれら」には、「**人々**」という意味もあります。**those who 〜** とすると、「人々」がどんな人たちなのかを後から説明することができます。people who 〜とほぼ同じ意味で使えます。

| those | + | who | 〜 | 〜する人々 |

| those | who | leave |
| 〜する人々 | 去る | → 去る人々 |

ちなみにここでは複数の人々を想定していますが、1人の人を表したい場合はa person who 〜やsomeone who 〜を用いて、Outrun a person who leaves. などとすることができます。

I need a person who can work at my office.

私の事務所で働くことができる人が必要だ。

訳のヒント／Tips for Translating

outrun 〜で「〜を追い越す」。命令形（→p.104）なので原形を使用します。

例文／Example Sentences

I met those who designed shoes.

靴をデザインしている人たちに会った。

Those who I give permission to can go home.

私が許可した人は、うちへ帰ってよい。　▶give permission to 〜：〜する許可を与える

He built a school for those who are in need.

必要としている人々のために彼は学校を建てた。

More words from ROLAND

楽しそうに喋れない人ってそれだけですごく損をしていると思う。

**I think those who can't speak in a happy manner
are missing out on a lot of fun.**

▶manner：態度　▶miss out on 〜：〜の好機を逃す（→損する）

---

column 去る者は追わず

ローランドの名言には、ことわざや慣用句をアレンジしたものも多くありますが、「去る者は追い越せ」は「去る者は追わず、来る者は拒まず」という有名な故事成語をもとにしたものです。これは紀元前300年頃の中国の思想家・孟子（もうし）の言葉。孟子は、自分のもとで学ぼうとやって来る弟子はみな受け入れ、去ろうとする者はその意志に任せて引き止めませんでした。
「去る者は追わず、来る者は拒まず」を英訳すると、次のようになります。

**Those who come are welcome,
those who leave are not regretted.**　　▶be regretted：惜しい

直訳すると、「来る人々は受け入れ、去る人々は惜しく思わない」という意味です。

俺は見上げていく人生は嫌だ。
上から「景色は綺麗だな」って眺める人生がいいな。

I don't want a life where I have to look up, but want one where I can look down and see the beautiful scenery.

▶look up：見上げる ▶look down：見下ろす ▶scenery：景色

ROLAND's Wordsから学ぶ文法・構文

関係副詞 where

where、when、why、how などにも that やwhich などの関係代名詞と同じように、2つの要素をつなげ、**先に出てくる内容を後から説明・修飾する**働きがあります。このような用法で使われるものを**関係副詞**と言います。where は場所を表す単語なので、関係副詞として用いられる時も、場所を示す名詞について説明します。実際の場所について説明するだけでなく、(ROLAND's Words 54)の life「人生」のように、「物理的には場所ではないけれど、場所として捉えたいもの」に用いることもできます。

場所を表す名詞	+	関係副詞	+	場所の説明

a life　　　　　**where**　　　　**I have to look up**
人生 ←——————————————— 私が見上げなければいけない

◎〔**ROLAND's Words 54**〕には、p.32 で解説した not A but B「AではなくB だ」構文も使われています。ここでのAはa life where I have to look up 「俺が見上げなければいけない人生」、Bは one where I can look down 「俺が見下ろすことができる人生」です。英語では同じ言葉を繰り返す 時は代名詞を使うので、先に登場するa life を one と表現しています。

This is the park <u>where</u> ROLAND made up his mind.

ここはローランドが決意を固めた公園だ。

Do you know the place <u>where</u> I can get a chic attache case?

シックなアタッシュケースを手に入れられるところ知ってる？

I went to the hotel, <u>where</u> my grandfather stayed.

私は祖父が滞在していたホテルに行った。

---

column **アップ🔼＆ダウン🔽**

up 、down は、カタカナ語としてもよく耳にしますね。基本的に、up は「上 へ」、down は「下へ」というイメージです。

upのイメージ

climb up
登る

**move up
to the front**
先頭へ移動する

**go up
to New York**
ニューヨークへ行く

come up here
こっちへ来る

downのイメージ

climb down
降りる

go from Tokyo down to Yokohama
東京から横浜へ行く

go down there
あっちへ行く

55

下積み時代の時は、
時代が俺に追いついていないだけだと思っていた。
いつか報われる日が来るだろうと信じて努力していた。

When I was still living in obscurity, I thought the time was not catching up with me. I knew my hard work would pay off someday.

▶obscurity：無名　▶catch up with ～：～に追いつく　▶pay off：報われる

ROLAND's Words から学ぶ文法・構文
時制の一致

過去・現在・未来など、「時」に関わることを**時制**と言い、文を作るうえではこれを矛盾させないようにすることがとても大切になります。

日本語でも、例えば「昨日あのホストクラブに行ったけど、目当てのキャストはお休みだったの」と言う時、「ホストクラブに行った」と「目当てのキャストは休みだった」はどちらも過去形で一致させますよね。「ホストクラブに行ったけど、あのキャストが休みなの」とは言いません。

英語もそれと同様で、主となる部分（主節：ここでは I thought）とそれにともなう部分（従属節：the time was not cathing up with me）の**時制を一致させる**ことが必要になります。

ただ少し難しいのは、日本語では過去のことを話す時も、例えば気持ちを引用する場合などは時制を一致させない場合が多くあること。「ホストクラブに行ったけど目当てのキャストがお休みだったから、『また来よう』と思ったの」の「ま

た来よう」や、「夢が破れた時は本当に悔しくて、『いつか見返してやる』と思った」の「いつか見返してやる」は未来についての言及です。しかし英語ではこういった未来のことも、**主節の時制に合わせて過去形にする必要がある**のです。

主節	従属節

I thought the times **didn't catch** up with me.
過去形　　　　　　　　　　　過去形

主節	従属節

I knew my hard work **would** pay off.
過去形　　　　　　　　　　過去形

このように、どちらの文でも主節の過去形に合わせ、従属節も過去形で構成しています（would は will の過去形）。

こうした**時制の一致**が必要になるのは、主に**主節の動詞が過去形の時**です。現在形、現在完了形の時は、従属節の動詞はあまり気にする必要はありません。

訳のヒント／Tips for Translating

◎「下積み時代」の「下積み」という言葉は英語にはないので、ここでは obscurity「無名」という単語を用い、still living in obscurity「まだ世間にうずもれて暮らしていた頃」と訳しました。ほかに、When I was a newcomer「新入りの頃」などと言い換えることもできます。その後にある「時代が俺に追いついていなかった」の「時代」は、the time(s) と表します。

◎ pay は「料金を支払う」ですが、pay off とすると「報われる」という意味になります。Hard work pays off「一生懸命頑張れば報われる」は、英語でよく使われるフレーズです。

例文／Example Sentences

My cousin said our canary was sick.　　　▶cousin：いとこ
いとこは飼っているカナリアの体調が悪いと言った。

I heard the program had been postponed.
その番組は延期されたと聞いた。

My brother told me he would give me an Yves Saint Laurent clutch bag.
兄は私にサンローランのクラッチバッグをくれると言った。

56

逆風を受けるのは人生を猛スピードで前進している
証拠だと思っているから、
気にせず華麗に金髪をなびかせているよ。

**Feeling a headwind is a proof that
I'm moving forward at full speed
in life. That's why I just let it be
and let my blond swing.**

▶headwind：逆風　▶proof：証拠　▶just：ただ
▶let it be：あるがままにする　▶swing：揺れ動く

ROLAND's Wordsから学ぶ文法・構文

That's why ～「そういうわけで～だ」

whyは「なぜ」と理由や目的を尋ねる語ですが、reason「理由」を前に置いてreason why ～とすると、「～する理由」という意味になります。
〔ROLAND's Words 56〕のThat's why ～は、That's <u>the reason</u> why ～のthe reasonが省略された形で、「そういうわけで～だ」という意味をなす定型表現です。
That's why he became the No.1.「そういうわけで彼はナンバーワンを勝ち獲った」、That's why he changed his name from "Makoto" to "ROLAND".「そういう理由で彼は『誠』から『ローランド』へと名前を変えた」のように、That's whyの後に事実を持ってきます。

| That's | the reason | why | ～ |

そういうわけで～だ

◎ feeling は動名詞（→p.42）なので、feeling a headwind は「逆風を感じること」。〈be動詞＋ moving〉は現在進行形で、I'm moving forward は「俺が（今まさに）前進している」という状態を表しています。

◎ ビートルズの曲名としても有名な let it be は、「あるがままにする」「放っておく」という意味の決まり文句。「〜に…させる」という意味を持つ使役動詞の let（→p.72）を用い、it「それ」を be「〜であるという現状」とさせる、ということから、「現状に抗わない」「ありのままに委ねる」という意味になります。ちなみに、同じく有名なフレーズの let it go は、it を go させるわけなので、直訳すると「（追わずに）行かせる」。そこから転じて「仕方がないから気にしない」「もういいの」という意味になります。

I'm always training. That's why I can play a game in good condition.

いつもトレーニングしている。だから、良い状態で試合に臨むことができる。

She seemed to be sick. That's why she didn't come to the office.

彼女は具合が悪かったようだ。それで、会社に来なかった。

▶ seems to be 〜：〜のようだ

The typhoon is approaching. That's why the solo trip to Yakushima has been postponed.

台風が近づいている。それで、屋久島へのひとり旅は延期された。

▶ solo trip：ひとり旅　▶ postpone：延期する

---

column　髪の色は大切なアイコン

ローランドのトレードマークの金髪。金髪は英語で blond hair（ブロンドヘアー）と言います。

欧米人といえば blond hair というイメージがありますが、大人になってからも自然な金髪の人の割合は実は少なく、多くの人は好みの色に染めているようです。

ダークブラウンは brunet（ブルネット）と呼ばれます。髪だけでなく、目や肌の色に使われることもあります。

赤毛は red hair や redhead です。ginger（ジンジャー）という言い方もありますが、これは使わないほうが無難です。イギリスでは、赤毛の人はいじめられたり差別されたりすることがあり、ginger は差別用語とされているからです。

そもそも俺は負けないんだ。
仮に何かがうまくいかなかったとしても、
それは「負け」じゃなくて「勝ちの途中」だから。

Basically I never lose.
Even if I fail, it isn't a "defeat"
but just a "stepping stone
to victory."

▶ defeat：敗北　▶ stepping stone：未来に向かう通過点　▶ basically：基本的に　▶ fail：失敗する　▶ victory：勝利

ROLAND's Wordsから学ぶ文法・構文

even if ～「たとえ～でも」

If ～は「もし～なら」と単に可能性を表すことが多いのですが、前に even を置いて even if ～とすると、「たとえ～でも」という、事実に反する仮定の意味になります。

〔ROLAND's Words 57〕では、Even if I fail「たとえうまくいかなかったとしても」という仮定を表しています。

<table>
<tr><td>even if</td><td>I</td><td>fail</td></tr>
<tr><td>たとえ～でも</td><td>俺が</td><td>失敗する</td></tr>
</table>

⟶ たとえ俺が失敗したとしても

even if ～と同様に「たとえ～でも」という意味を持つ表現として even though ～があります。even if は仮定法的な内容（→P.56）を導く場合が多く、even though は「事実」を前提とする場合が多いです。

it isn't a "defeat" but just a "stepping stone to victory." は、not A but B「A ではなくBだ」(→p.32) の表現です。このフレーズでは、Aはa defeat「負け」、Bはstepping stone to victory「勝ちの途中」です。「ただの」「単なる」を表すjustを用いることで「それはただの『勝ちの途中』だから」という印象にし、ローランドの強気で前向きな姿勢を表しています。

例文／Example Sentences

<u>Even if</u> everyone laughs at me, I won't give up my dream.

<u>たとえ</u>みんなに笑われ<u>ても</u>、その夢を諦めない。

She doesn't care <u>even if</u> her friend is angry.

<u>たとえ</u>友人が怒ってい<u>ても</u>彼女は気にしない。

<u>Even if</u> you don't agree with me, I will accept the job.

<u>もし</u>あなたが賛成しない<u>としても</u>、その仕事は受ける。　　▶accept：受け入れる

More words from ROLAND

100人が「これが正解だ」と言っても、
その100人全員が間違えているかもしれない。

**<u>Even if</u> 100 people said "this is right,"
all of these 100 people may be wrong.**

---

column　ローランドは負け知らずだけれど……

失敗も「勝ちの途中」だと思えば、どんなに辛い局面も乗り越えていけそう。
とはいえ、「負け」も含む勝敗の表現も覚えておきましょう。

We won the game.	試合に勝った。
He lost the final game.	彼は最終戦で負けた。
The plan succeeded! ●	作戦成功！
We defeated the opponent.	相手を負かした。

Point

「失敗」ならfailed

▶defeat：負かす　▶opponent：相手、敵対者

We achieved a victory.	勝利を手にした。　▶achieve：獲得する

4. 自分の中のマンネリと戦い続ける

——なかなか英語が上達しないと感じる時は、どうしたらいいと思いますか?

本気になればなるほど、壁にぶち当たることは多くなるものです。一生懸命に英語を勉強してもなかなか結果が出ず、焦燥感に駆られることは誰にだってあるでしょう。

僕は何においても、行き詰まりを感じたらやり方を変えるようにしています。

ホストは方程式や正解の存在しない仕事です。例えば「かわいいね」という言葉ひとつとっても、決して万能じゃない。素直に喜んでくださる方がいる一方、「たくさん女性を見てきたローランドの『かわいい』は信用できない」と感じる方も当然います。相手やシチュエーションによってその反応は千差万別で、いつも同じやり方では通用しないんです。だから常により良い方法を模索していました。

また現役時代、僕は「指名ありがとう」というより「俺と過ごせるなんて君は幸せだね」というスタンスの強気な接客を武器にしていましたが、それでもマンネリを感じることはありました。だからそのたび、「強気なスタイルの中にも相手へのリスペクトを全面に出してみよう」などと緻密に試行錯誤を重ね、新しいやり方に挑戦していました。

だから、うまくいかなくなってきたら方向性を変えるべきだというのは、勉強でも大切だと思っています。

ずっと文法をやっていて飽きたなと思ったら洋画を字幕で観てみたり、堅い文章を読むことに疲れたら、自分が興味のある分野で英語を学んでみたり。もちろん、この本も大いに活用してほしいと思います。静かな環境で集中力を持続させられなくなってきたらヒーリングミュージックを流してみたり、あるいは体勢を変えてみたり、ペンを違うものにしたりするなど、少しでも自分が意欲的に取り組めるように工夫してみたらいいんじゃないかな。

自分の中のマンネリと戦いながら、新たな道を開拓していく姿勢ってすごく大事だと思います。ずっと同じ方法では、人間、どうしてもどこかで飽きがくるものだから。

それまでの方法に固執しない、思い切って現状を変える。そんな勇気と柔軟性を持って英語と向き合えば、きっと壁を乗り越えられるはずです。

5

そして、夢を叶え続ける

Keep Making Dreams Come True

できないと思うからできないだけで、
できるできないなんて
自分で決めることじゃない。

You can't do it
because you think you can't.
It's not up to you
to decide that.

▶up to ～ : ～次第　▶decide：決める

ROLAND's Wordsから学ぶ文法・構文

助動詞can

can は「〜することができる」という意味でよく使われる助動詞です。can の持つ本質的な意味は、「やろうと思えばできる」という実現の可能性。そこから派生して、「〜することができる」(能力)、「〜してもよい」(許可)、「〜しうる」(可能性)となります。

can は will などと同じ助動詞なので、動詞の原形とセットで使われます。否定文 (→p.68) にしたい時は〈can't ＋動詞の原形〉で「〜できない」の意味になります。また、疑問文 (→p.20) にしたい時は can を主語の前に持ってきて、Can you lift this dumbbell?「(あなたは) このダンベルを持ち上げられる?」(能力)、Can I touch your blond hair?「(私は) あなたの金髪に触れてもいい?」(許可)のようにします。

can	＋	動詞の原形	〜することができる (能力) 〜してもよい (許可) 〜しうる (可能性)

up to you は「あなた次第」。up to me なら「私次第」、up to them なら「彼ら次第」です。ここでは not が入り否定形になるので、「できないと決めるのはあなた次第ではない」→「あなたが決めることじゃない」となります。

例文／Example Sentences

You <u>can</u> do whatever you want. 　能力

望んだことはなんだって<u>できる</u>。

You <u>can</u> cry on my shoulder. 　許可

俺の肩で泣いて<u>もいいよ</u>。

It <u>can</u> be possible. 　可能性

その可能性はあり<u>得る</u>。

More words from ROLAND

沖縄に雪は降らせられないけど、
俺の魅力で君の頭を真っ白にすることならできるぜ。

**I <u>can</u>'t make it snow in Okinawa,
but I <u>can</u> make your mind go whited-out with my charms.**

▶使役動詞 make→p.102　▶go whited-out：真っ白になる　▶charm：魅力

---

column **責任を表す up to you**

It's up to you. は「あなた次第」という意味。自分で決められない時や相手に決めてもらいたい時にも使える、とても便利な表現です。

A : Let's go out for dinner tonight. What do you like to eat?
今晩外食しよう。何食べたい？

B : It's <u>up to you</u>!
<u>まかせる</u>！

また、次のように「あなたの責任で」という場合にも使います。

You broke this so it's <u>up to you</u> to fix it. 　▶fix：修理する
君がこれを壊したのだから、修理するのは<u>君の責任</u>だよ。

0からのスタートは不安かもしれないけど、
0になったからこそ見える景色もある。

You may be scared to start from "Zero", but there is a view you can only see from there.

▶be scared to ～ : ～に不安になる、～を怖がる

ROLAND's Words から学ぶ文法・構文

助動詞 may

may は「～かもしれない」（推量）、「～してもよい」（許可）という意味で使われます。助動詞 can（→p.132）にも「～してもよい」という意味はありますが、can が日常生活でカジュアルに使われるのに対し、**may は改まった場所や丁寧に言いたい場面**で使われます。ただし、You may ～「～したらいいよ」というフレーズは、上から目線の少し高圧的な印象を与えるので注意が必要です。

can と同様に、助動詞 may の後にも必ず動詞の原形が続きます。

may	+	動詞の原形	～かもしれない（推量） ～してもよい（許可）
You	**may**	**be scared** ～	

あなたは～に不安になるかもしれない

◎ もとの名言には主語はありませんが、You「あなたは」を補い、You may be scared 〜「あなたは〜を怖いと思うかもしれないけど」としています。このように、英訳する時には隠れた主語を意識するようにしましょう。

◎ scare は「怖がらせる」。それが受け身になることで be scared 〜「怖がらせられる」→「怖いと思う」「おびえる」「不安に思う」という意味に。

例文／Example Sentences

That regular customer _may_ not come to my 'Host Club' today.

あのお客様は、今日うちのホストクラブに来ないかもしれない。　　推量

▶ regular customer：常連客

You _may_ leave earlier if you finish.　　許可

終わったら、早めに退出してもよい。

More words from ROLAND

俺が他人に対して「うらやましい」「くやしい」なんて思うのは、
1000年後くらいだと思う。

Maybe in 1,000 years or so,
I _may_ learn to feel jealous of others or be frustrated by them.

▶ learn to feel：感じるようになる　▶ jealous：嫉妬　▶ frustrated：いらいらする

---

column　ゼロからスタートして、いつかはミリオネア！

大きい数を英語で言われた時、即座に日本語でいくつなのかを理解するには慣れが必要です。まずは、基本を押さえましょう。

100（百）	one hundred
1,000（千）	one thousand
10,000（1万）	ten thousand
100,000（10万）	one hundred thousand
1,000,000（100万）	one million

millionaire（ミリオネア）は、日本語に訳すなら「百万長者」ということですね！

じゃあ6,748,331は何て読む？
答えは…

six million seven hundred forty eight
thousand three hundred thirty one!

「人生ちょっと踏み出してみようかな」
って思ったその気持ちが一番大事！

When you feel "I want to take a step forward" in life, that's the most precious feeling you must treasure.

▶ take a step forward：踏み出す
▶ precious：貴重な ▶ treasure：大切にする

ROLAND's Wordsから学ぶ文法・構文

助動詞 must

must は本質的に強い強制力が働くイメージの助動詞で、「〜しなければならない」（義務）、「〜にちがいない」（確信）という意味を持ちます。
助動詞 must の後にも、必ず動詞の原形が続きます。

must	+	動詞の原形	〜しなければならない（義務）〜にちがいない（確信）
you	must	treasure	

あなたが大切にしなければならない

treasure は「宝」という名詞のイメージが強いですが、「大切にする」「秘蔵する」という意味の動詞としても使えます。〔**ROLAND's Words 60**〕では後者の意味で使い、that's the most precious feeling you must treasure「それはあなたが大切にしなければならない一番貴重な気持ちだ」としています。「〜しなければならない」「〜すべきだ」という義務の意味合いを持つものには should や have to もありますが、最も強制力が強いのは must です。

◎ take a step forward in life は「人生の中で一歩前に踏み出す」。

◎ the most precious feeling と you must treasure の間には、関係代名詞 that が省略されています。先に出てくる the most precious feeling を、後から出てくる you must treasure が説明しているんですね。

例文／Example Sentences

I <u>must</u> learn English because I want to study abroad in the UK someday. 義務 ▶ study abroad：留学する

いつかイギリスに留学したいので、英語を学ば<u>なければならない</u>。

Workers <u>must</u> wear a helmets to avoid accidents. 義務

労働者は事故を避けるためにヘルメットをかぶら<u>なければならない</u>。▶ avoid：避ける

You <u>must</u> be the person I am looking for. 確信

あなたは私が探していた人に<u>ちがいない</u>。 *Point* 探していたのが「運命の人」のようにずっと探していたならthe person I've been looking for

---

More words from ROLAND

ローランドを表紙にしておけば雑誌が売れるだって？
そんな甘い考えは、正直言って大正解だ。

**You <u>must</u> be thinking that the magazines would sell well if it had ROLAND on the cover.
Honestly, you are actually right about that easy thinking.**

▶ honestly：正直に言って ▶ right：正しい ▶ easy thinking：安易な考え

---

column 海外ドラマでおなじみのgottaって？

「〜しなければならない」という表現にはshouldやhave toのほかに、もうひとつカジュアルな言い回しがあります。日常会話の中で頻繁に使われるhave got to です。haveは省略されることもあり、got toは「ガタ」(gotta)と発音します。

I've got to go! ＝ I gotta go! 行かないと。

You've got to be kidding! ＝ You gotta be kidding! 冗談でしょ。

ただ、これは口語表現なので、書き言葉としては相応しくありません。

人に笑われるくらいの夢のほうが
叶える価値がある。

A dream laughed at by others is more worth having it come true.

▶ laugh at 〜 : 〜を聞いて（見て）笑う　▶ worth 〜ing : 〜する価値がある

ROLAND's Words から学ぶ文法・構文

使役動詞❸ have

「〜させる」という意味の使役動詞 have は、let（→p.72）や make（→p.102）と同じく〈**have ＋人（もの）＋動詞の原形**〉で、「人（もの）に〜させる」「人（もの）に〜してもらう」という意味になります。「そういう状態にもっていく」と考えるとイメージを掴みやすいと思います。

使役動詞 have	＋	名詞	＋	動詞の原形	人（もの）に〜させる
have		a dream		come	true

having it come true の it は a dream を指しています。come true は「実現する」という意味。**使役動詞 have** を使って have a dream come true とすることで、「夢を実現させる」という意味になります。

let や make と同様、have も動詞の原形をともないますが、**状態を表す場合には現在分詞（動詞の〜ing 形）、受動態を表す場合には過去分詞（-ed など）**

が用いられることもあります。

◎ laughed（at by others）は、A dream を後ろから修飾する過去分詞（過去分詞の後置修飾）です。このように名詞の後に動詞の過去分詞を置くと「～される〈名詞〉」という表現になり、A dream laughed at by others で「人に笑われるくらいの夢」となります。他には例えば、illustration drawn by ROLAND「ローランドによって描かれたイラスト＝ローランドが描いたイラスト」のように使えます。

◎ A dream laughed at by others「他の人に笑われる夢」がこの文全体の主語。worth ～ing は「～する価値がある」で、この形にあてはめるため、have は having にしています。また、その前に比較級の more をつけることで「より一層価値がある」という意味にしています。

例文／Example Sentences

The police officer had the man put into the car.

警察官は男を車に乗せた。

> *Point*
>
> put には、「置く」のほか、「（人・もの・事を）動かす、運ぶ、入れる」などの意味がある。

**My mother won't have me go out before
I finish my homework.**

母は私が宿題を終える前に（私を）外出させてくれない。

I had my hair cut at the salon yesterday.

私は昨日サロンで髪を切ってもらった。

More words from ROLAND

俺の理想とする去り際は、育ってきた後輩たちに
「もう邪魔だから下がってください」って言われること。

*My ideal way for retirement would be
to have my younger staff tell me
"Back off！ You're in our way！"*

▶ ideal：理想の　　▶ way for retirement：引退の仕方
▶ back off：後ろに下がる　　▶ you're in our (my) way：邪魔だ

62

知らないことにチャレンジするのって、
確かに恥ずかしかったり、怖い部分もあるかもしれないけど、
それ以上の楽しみがある。

Though it may be embarrassing or even scary to try something unfamiliar, you will be much more satisfied when you achieve it.

▶ embarrassing：恥ずかしくさせる　▶ even 〜：〜さえ　▶ scary：怖い
▶ unfamiliar：未知の　▶ be satisfied：満足する　▶ achieve：成し遂げる

ROLAND's Wordsから学ぶ文法・構文

接続詞 though「〜だけれども」

though や although を使えば、「〜だけれども」「〜にも関わらず」といった
譲歩の意味を伝えることができます。「しかし」という意味では but がなじ
みがありますが、but は前後の文の重要度は同じくらいなのに対し、though
/ although はつなげる2つの文の重要度に差があります。

A	+	but	+	B
I bought a new dress		**but**		**I didn't wear it.**

⎿————AとBの重要度は同じ（並列）————⏌

though	+	従 A	主 B
Though		**I bought a new dress ,**	**I didn't wear it.**

こちらのほうが中心となる内容——↑

どちらも「新しいドレスを買ったが、それを着なかった」という意味ですが、but は I bought a new dress と I didn't wear it が同じ程度の重要度なのに対し、though を使った文では後半の I didn't wear it が中心になります。

訳のヒント／Tips for Translating

◎ it 〜 to try ... は、p.148 の形式主語（It 〜 to 不定詞）の形で、「…にチャレンジすることは〜だ」という意味です。

◎ much more satisfied「より多く満足する」→「それ以上の楽しみがある」。

◎ when you achieve it「あなたがそれを成し遂げる時」。

例文／Example Sentences

Though you may not be good at it, you have to get over it.

あなたはそれが得意でないかもしれないけど、乗り越えないといけない。

You shouldn't have done it, though you probably didn't mean it.

▶ probably：たぶん、おそらく

それをやるべきではなかった。やるつもりはなかっただろうけど。

Though the probability of failure is high, I will take a risk.

失敗する可能性は高いけど、リスクを冒そう。

▶ probability：可能性
▶ take a risk：リスクを冒す

More words from ROLAND

俺はたくさん嘘をつくけど、
自分自身には絶対嘘をつきたくない。

Though I often lie, I don't want to lie to myself.

---

column　豊かな感情表現を

〔ROLAND's Words 62〕にある embarrassing や scary はポピュラーな感情表現です。気持ちや感情を伝える表現を覚えておくと会話も弾みます。

ポジティブな表現		ネガティブな表現	
楽しい	fun	腹立たしい	irritating
感謝する	grateful	うっとうしい	annoying
うきうきする	cheerful	いやな	disgusting
心地よい	comfortable	不快な	uncomfortable

「止まない雨はない」と言うくらいなら、
雨雲の上に行く努力をしよう。

Why don't we try going above the rain clouds instead of saying "Rainy days never stay"?

▶ try ~ing：試しに~する　▶ instead of ~ing：~する代わりに

ROLAND's Wordsから学ぶ文法・構文

Why don't you~? 「~したらどう？」

Why don't you ~? は、直訳すると「なぜあなたは~しないの？」という
意味ですが、そこから転じて「**~したらどう？**」「**~しない？**」という助言
や提案をする時の定型表現として使われます。
主語をweにして Why don't we ~? とすると、「**（私も一緒に）~しよう**」と
いう意味になり、何かに誘う時によく使われます。

Why	+	don't	+	you / we	+	動詞の原形	~	~したらどう？ ~しよう

Why	don't	you	try?	試したらどう？
Why	don't	we	try?	（一緒に）試してみない？

◎ above は「〜より上に」「〜より高く」という意味です。on があるものに接した状態で上にあるのに対し、above はあるものから離れて上にあるイメージです。

on　　　**above**

◎ instead of 〜ing は「〜する代わりに」という表現です。「止まない雨はないと言うくらいなら」というもとのフレーズを、「『止まない雨はない』と言う代わりに」として訳しています。

Why don't we go and see the cherry blossoms at Fujimori Park tomorrow?

明日、富士森公園にお花見に行かない？

Why don't you have something more to drink?

もう少し飲み物いかが？

Why don't we come home a little earlier?

少し早めに帰ろう。

---

column　比喩表現で大活躍のrain

「雨」が比喩的に使われる表現は英語にもたくさんあります。身近なものだからこそ、たとえとして効果的なのかもしれません。

rain or shine　降っても照っても（どんなことがあっても）

I believe him, rain or shine.　どんなことがあっても彼を信じてる。

for a rainy day　まさかの時に備えて

My uncle saves money for a rainy day.
叔父（伯父）は、まさかの時に備えて貯金している。

take a rain check　また今度ということで

I will take a rain check on your invitation.
せっかくの招待だけど、またの機会に。

ROLAND's Words
64

常により良い自分にしていくことだけを
意識して生きている。

I consciously live my life
to make myself better
every day.

▶ consciously：意識的に

ROLAND's Words から学ぶ文法・構文

名詞 ＋ to不定詞

to不定詞（to ＋ 動詞の原形）を名詞の後ろに置くと、「〜するための＋名詞」 という意味になります。名詞にはsomething「何か」が使われることも多く、something to eat「何か食べるもの」、something to do「何かすること」というフレーズは定番です。

名詞	+	to ＋ 動詞の原形 (to不定詞)	〜するための「名詞」

I want something to drink.

何か　←　飲むための　　（私は）何か飲み物が欲しい。

〔ROLAND's Words 64〕の my life to make myself better は、to make myself better「自分自身をより良くするための」が my life「私の人生」を後ろから修飾し、「自分自身をより良くするための私の人生」という意味になります。

ROLAND ENGLISH

144

〈make + 人 + A〉で「人をAにする」なので、make myself betterで「自分を より良くする」。もちろん、I'll make you really cool.「俺が君をとびきりカ ッコよくしてあげるね」というように他の人にも使えます。

例文 / Example Sentences

I need <u>someone to understand</u> me.

<u>私のことを理解してくれる人</u>が必要だ。

The right person to be the owner of the new store is him.

新しい店のオーナーに<u>(なるのに)ふさわしい人</u>は彼だ。

▶ right person：ふさわしい人、適任の人

More words from ROLAND

男に生まれた以上、底辺から人を見上げて生きていく人生は嫌だね。
俺が見上げるのは美しい星空だけ。

**Since I was born a man,
I don't want <u>a life to keep</u> looking up from below.
The only thing I should look up is a beautiful sky full of stars.**

▶ below：(地位・階級が)より低く

---

column **ライフステージを英語で言うと…**

さまざまなライフステージは、以下のように表現します。
人生は日々移り変わるものですが、どんな時もローランドからのメッセージ、
Live your life!「君の人生を生きろ！」を胸に進んでいきましょう。

子供時代	**childhood**	
少年時代	**boyhood / girlhood** ●	*Point* -hoodは時期や状態や性質などを表す
思春期	**adolescence**	
反抗期	**rebellious age** ●	*Point* 10代はteenage
青　年	**youth**	
成　人	**adult**	
中　年	**middle age** ●	*Point* 更年期はmenopause
老年期	**old age**	

自分がやりたいものを貫き通したほうが楽しいし、
楽しければ巡り巡って"成功"に結びつく。

It's always more fun
to stick with what you want to do.
And if it's fun, it'll go around and
eventually lead you to success.

▶ stick with ～ : ～を手放さない、～にこだわる
▶ go around : 回っていく　▶ eventually : やがて

ROLAND's Wordsから学ぶ文法・構文

形容詞 ＋ to不定詞

〈形容詞＋to不定詞〉で「～するのは…だ」という意味になり、to不定詞の状態を説明することができます。文の主体（下の例ではEnglish）となるものを文頭に持ってくるパターンと、It's ～ to ...（→p.148）で表すパターンがあります。〔ROLAND's Words 65〕ではIt's always more fun「（それは）いつだってより楽しい」が、後に続くto stick with what you want to do「あなたがやりたいことにこだわること」を説明するという構図になります。

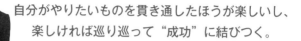

| 形容詞 | ＋ | to ＋ 動詞の原形 (to不定詞) | ～するのは…だ |

English is　difficult　to learn.
It's　　　　difficult　to learn English.

難しい ◀ 学ぶのは

どちらも「英語を学ぶのは難しい」という意味です。

◎ もとの名言の前半と後半は意味的に独立しているため、2つの文に分けて英訳しました。

◎ 2つのit'sのitは形式主語 (→p.36、p.148)。形式主語itは 実質的な主語にはならず、主語の役割を持つのはthat以降の文やto不定詞 (→p.28) の部分となります。〔ROLAND's Words 65〕で主語にあたるのはto stick with what you want to do「あなたがやりたいことにこだわること」となります。

◎ it'll go aroundのitは前半の文全体を指しています。訳すなら、「自分がやりたいものを貫き通し、それを楽しんでいる状況」といったところ。その状況が巡り巡って、あなたを成功に導く (go around and eventually lead you to success) と言っています。

My sister is interesting to watch.

妹を観察するのは面白い。

Dan is happy to win the game.

ダンは試合に勝ってうれしい。

It's really exciting to listen to the anthem at the Champions League. ▶ (sports) anthem：応援歌

チャンピオンズリーグのアンセム (応援歌) を聞くのはとてもわくわくする。

---

column 前置詞 around と about

aroundとaboutはどちらも「まわり」を意味しますが、ニュアンスが少し異なります。

around ＝周囲
（ぐるっと取り囲んで）

about ＝周辺
（対象のあたり）

He is running around the statue.
彼はその像のまわりを走っている。

Kids are running about the park.
子どもたちが公園を走り回っている。

大切なのは、
いつだって目的地に
たどり着きたいという熱い気持ち。

It's always important
to have a strong desire
to reach your goal.

▶ desire：願望

ROLAND's Wordsから学ぶ文法・構文

形式主語 It ❷ （It ～ to 不定詞）

形式主語とは、「これから述べる内容を先取りで表現」するために**形式的に文頭に置かれる It** のことを言います。例えば「すごく嬉しいことがあったの、あのね…」と言う時のようなイメージです。あることについて話したい時、その本題の中身を明かす前に、**It is を使って先に感想や印象を述べる**ような構成です。

p.36 の形式主語 It ① では、「先に表明された内容の中身（意味上の主語）」が that 節（that ＋主語＋動詞）で表されていましたが、ここでは to 不定詞（→p.28）で表される場合を解説します。

It is easy for me to become the number one.

形式主語		意味上の主語

簡単だ　　私にとって　　　　　　ナンバーワンになることは

左ページの例文では、to become the number one「ナンバーワンになること」が意味上の主語となり、後ろでItの内容を説明しています。

また、形式主語の文では、例文のfor meのように、to不定詞の前に〈for＋人〉を置いて〈It is ～ for＋(人)＋to不定詞〉「人にとって…することは～だ」という形もよく使われます。この場合、「人」は行為者を表し、これに「(人)にとって、～することは…だ」と、表現することができます。It's an honor for her to make this content.「彼女にとってこのコンテンツを手がけるのは名誉なことだ」などのように使います。

have a strong desireで「～することを強く望む」。have a strong desire to reach one's goalで「ゴールに達することを強く望む」となります。

例文／Example Sentences

It is easy for my uncle to speak French.
叔父(伯父)にとってフランス語を話すのは簡単だ。

It is fun to drive my new car.
俺の新車でドライブするのは楽しい。

More words from ROLAND

常識を疑うって大切じゃない？

Isn't it important to doubt common sense?

▶ doubt：疑う　▶ common sense：常識

---

column　itを使ったお決まりのフレーズ

itが使われる決まり文句をいくつか紹介します。
日常会話で頻繁に使われているフレーズなので、覚えておくと便利です。

How's it going?	調子はどう？
It's OK.	大丈夫。
It's raining.	雨が降ってる。
I made it.	やった！
That's it.	それだけ。ここまで。

Part 5

149

才能が無いのも一個の才能。
才能がないからこそ試行錯誤できる。

Having no talent is also a form of talent.
Not blessed with one means
you can go through
many trials and errors.

▶ also~：~もまた　▶ talent：才能
▶ go through ~：~を通過する　▶ trials and errors：試行錯誤

ROLAND's Words から学ぶ文法・構文

分詞構文（過去分詞）❷

p.60 で分詞構文を学びましたが、ここでは過去分詞の例を詳しく見ていきましょう。

過去分詞を使った分詞構文も、現在分詞と同じく、**動作・状況に加えて「時」や「理由」、「結果」を表す**ことができます。さらに過去分詞を用いることで、「~されたので」という受け身の意味を持たせることができます。過去分詞も、現在分詞と同様に文頭に置き、〈主語＋動詞〉を続けるのが一般的です。

分詞構文	,	主語 ＋ 動詞

Opened the door,　fresh air came into the room.

過去分詞 （受動態、→p.54）

　　　ドアが開けられると、　新鮮な空気が部屋に入ってきた。

◎ also 〜は「〜もまた」、a form of 〜は「〜のひとつ」「〜の一形態」という意味なので、having no talent is also a form of talent で「才能を持たないこともまた、才能のひとつ」という意味に。having は動名詞(→p.42)。

◎ bless with 〜は「〜を恵む」という意味なので、blessed with 〜と過去分詞の分詞構文にすることで「〜に恵まれているので」と受け身の意味になります。さらに過去分詞の前に not を置いて、not blessed with 〜「〜に恵まれていないからこそ」と否定の意味に。with one の one が示すのは最初の文に登場する talent です。

◎ go through は「通過する」という意味で、go through many trials and errors で、「数々の試行錯誤のトンネルをくぐり抜ける」ようなイメージです。

Being built in the 19th century, the castle is partly collapsed.

19世紀に造られたので、城は部分的に崩れている。

▶ partly：部分的に　▶ collapse：崩れる

Overjoyed, he jumped so high that he hit the ceiling.

彼は喜びすぎて飛び跳ねたら、天井に頭をぶつけてしまった。

Too hurt, she couldn't even move from her chair.

傷つきすぎて、彼女は椅子から動くことすらできなかった。

Impressed by the book, ROLAND became a minimalist.

とある本に感動して、ローランドはミニマリストになった。

---

column 英語と日本語で異なるタレント

日本では芸能人のことを「タレント」と言いますが、英語の talent は「才能」あるいは「才能のある人」という意味を表し、生まれつきの秀でた能力を指します。才能・能力を表す言葉は他にもあります。

ability　身につけた技能的な能力や手腕

He has the ability to read people's faces.

彼は人の表情を読む能力がある。

gift　天からの授かりもののような才能

She has a gift for painting.　彼女は画才がある。

日本一になる方法は、
日本一になった人にしかわからない。

**Only the top person knows
how to become one.**

ROLAND's Wordsから学ぶ文法・構文

how to ～「～する方法」

how to ～は「**～する方法**」「**～の仕方**」などの意味があります。「ハウツーを教えて」「ハウツー本」のように、日本語としても定着していますね。toの後には動詞の原形が続き、〈**how + to + 動詞の原形**〉のひとかたまりで名詞の役割を果たします。

I want to learn <u>how to drive</u> a car.
名詞の役割

車の<u>運転の仕方</u>を習いたい。

もともとの意味は「いかに～するか」で、〈how + to 不定詞（動詞の原形）〉の形です。同じように〈疑問詞 + to 不定詞〉の形をとるものには、次のものがあります。

what to ～「何を～するか」
where to ～「どこで～するか」
when to ～「いつ～するか」

訳のヒント／Tips for Translating

◎ only ～は「～だけ」という意味です。only ～ know で、「～だけはわかる（知っている）」→「～だけにしかわからない」となります。

◎〔**ROLAND's Words 68**〕の「日本一」は、「日本の中での一番」ではなく、「あらゆるものの中で一番」であることを示唆しているので、英訳に「日本」を反映していません。英文に Japan を加えると、範囲が日本に限定されてしまいます。

◎ one は代名詞で、the top person「一番の人」を指します。

例文／Example Sentences

I don't know how to order Uber Eats.

ウーバーイーツの頼み方がわからない。

I have to think what to do in an online business.

オンラインビジネスで何をしたらいいかを考えなければならない。

Where to live is important.

どこに住むかは重要だ。

column 「人」の表現もいろいろ

人を表す表現にはいろいろあります。

people　不特定多数の人々

There are many people in the department store.

デパートに多くの人がいる。

person　少人数の人を個別に指す場合

This is a room for two persons.　これは2人用の部屋だ。

human　動物に対応する言葉として「人間」という場合

Only humans can use fire.　人間だけが火を使うことができる。

話し手を含む「人々」を表す we、聞き手を含む「人々」を表す you もよく使われます。

ROLAND's Words
69

攻めなかったら
何もリターンがない。

There is no return
without going aggressive.

▶ aggressive：攻撃的な

ROLAND's Wordsから学ぶ文法・構文

without ～ing「～することなしで」

without～は「～なしに」という意味の前置詞で、名詞とともに使われます。〔ROLAND's Words 69〕のように、名詞の働きをする動詞の～ing形（動名詞、→p.42）を用いて without ～ing とすると、「～することなしに」「～せずに」という意味になります。

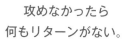

without	**+**	**動詞の～ing形**（動名詞）	～することなしに
without		**going**	**aggressive**
			攻めることなしに

〔ROLAND's Words 69〕では、「攻めることなしに」というフレーズを、without ～ing の表現を使って without going aggressive「攻撃的に行くことなしに」と表現しています。

ROLAND ENGLISH

154

I can't live a day without talking to myself.

自分自身と語り合うことなしでは一日も生きていけない。

The girl tends to act without thinking deeply.

その少女は深く考えないで行動する傾向がある。

She left me without saying goodbye.

彼女はさよならも言わずに俺の元を去った。

I can't see "Titanic" without crying.

「タイタニック」を涙なしに見ることはできない。

More words from ROLAND

幸せはシェアしたほうが長く続くものだ。

Happiness doesn't last long without sharing.

| 直訳 | シェアすることなしに幸せは長く続かない。 |

▶ last：続く

---

column　no ＋ 名詞

noは「何もないゼロの状態」を表しますが、〔ROLAND's Words 69〕にある returnのような数えられない名詞、car「自動車」やglass「グラス」のような数 えられる名詞、どちらにも使うことができます。

I have no money.　お金がない。
└ 数えられない名詞

I have no useless items.　無駄なものは何も持っていない。
└ 数えられる名詞

また、〈no ＋数えられない名詞〉には、こんな決まり文句があります。
いずれも、後に続く名詞を「ない」と表すことからきています。

No wonder.	どうりで。	**No chance.**	チャンスはない。
No way.	無理。	**No kidding.**	冗談でしょ。
No problem.	問題ない。		

▶ kid：冗談を言う

俺の将来は今も見えません。
眩し過ぎて。

**My future is so bright
that I can't see it ahead.**

ROLAND's Words から学ぶ文法・構文

so A that ～ can't B「とてもAなので～はBできない」

so A that ～は、「とてもAなので～」と結果を導く表現です。

He is <u>so</u> beautiful <u>that</u> everyone looks at him.
彼はとても美しいので、みんなが注目する。

さらに、so A that ～の後に can't が置かれると、so A that ～ can't B「とてもAなので～はBできない」という定型表現になります (→p.34)。

| so | A | + | that | ～ | + | can't | B |

He is <u>so</u> beautiful <u>that</u> everyone <u>can't</u> ignore him.
彼はとても美しいので、みんなは無視できない。　　▶ignore：無視する

同じような表現に、..., so (that) ～「…なのでその結果～」というものがあります。この場合のsoは接続詞(→p.70)の役割を果たしています。

He is beautiful, <u>so (that)</u> everyone likes him.

彼は美しいので、みんな彼のことが好きだ。

訳のヒント／Tips for Translating

so A that ～ can't Bの定型表現を使い、「俺の将来は眩しすぎて、先を見ることができない」という英文にしています。

例文／Example Sentences

I am <u>so</u> excited about the date tomorrow <u>that</u> I <u>can't</u> sleep.

明日のデートが楽し<u>すぎて眠れない</u>。　　　　　　　▶ excited：わくわくする

It was <u>so</u> hot yesterday <u>that</u> I <u>couldn't</u> stay without air conditioning in my house.

昨日はとても暑かったので、
家ではエアコンなしでは過ごせなかった。

> *Point*
> 時制の一致でcan'tが
> couldn'tに。

ROLAND is <u>so</u> cool <u>that</u> I <u>can't</u> look him in his eye.

ローランドがカッコよ<u>すぎて</u>彼の目をまともに<u>見られない</u>。

---

column　月がきれいですね

ここまで『ROLAND ENGLISH』の70項目を学んできてくれた皆さん、お疲れ様でした！ 最後に、意外と混乱しがちな形容詞と副詞の見分け方を、moon「月」を例にしてご紹介します。

The moon is pale.「月が青白い」のpaleは形容詞。
The moon shines pale.「月が青白く輝いている」のpaleは副詞です。
同じpaleでも、「青白い」という使われ方をする時は形容詞、「青白く」という使われ方をする時は副詞というわけです。
形容詞は名詞を修飾するもの、副詞は動詞を修飾するもの、と覚えておくとよいでしょう。

英語も他のことも、大切なのは基礎固め。混乱したら、このmoonの例に戻って基礎を思い出してくださいね。
絶賛英語勉強中のローランドと一緒に、これからも頑張りましょう！

5. 「好き」という気持ちの力は無限大だ

——英語を極めるために大切だと思うことを教えてください。

人は好きなことだったらいくらでもやれるし、「努力している」という感覚すら持たないものです。

好きなことや趣味について喋っていると「本当に詳しいですね!」と褒められることがありますが、僕からしたら夢中になっているうちに自然と知識が蓄えられていただけで、「頑張った」という意識はまったくないんです。

素敵な女性とのデートプランを練っている時、「このレストラン、喜んでくれるかな」なんて調べるのはすごく幸せな時間で、気づくと没頭しています。

もちろん仕事もそう。僕にとってビジネスは利益を得るためのものではなく、楽しさやロマンを追求するためのものです。深い愛情を持って臨んでいるし、だからこそ頑張れる。逆に言えば、好きでいられないならやる意味がないと思っています。

だから勉強も、好きにさえなれれば無敵なんじゃないかな。「好き」という純粋な気持ちや高まる感情。そういうものを原動力にすれば、ものすごい熱量で探求できると思います。そこに「努力」というバイアスはかからない。

もちろん、楽しいことばかりではないでしょう。僕もサッカーの基礎トレはキツかったように、どんなに愛情を感じるものでも辛いと思う瞬間があって当然です。

英語でも、文法を覚えている時なんかは、「苦痛だな〜」と思うことがないわけじゃありません(笑)。でも使える表現が増えるのは単純に面白いし、その気持ちを大切にできていますよ。何かを本当に好きだと思えば、それが辛さを凌駕するんです。

そしてゴールまでの距離が遠く感じる時は、英語を自由に操る自分の姿を思い浮かべます。英語でYouTubeを配信して、全世界のファンにメッセージを届けたら……、いつか海外サッカーチームのオーナーになった時、英語で選手たちと交流できたら……なんて想像をすると、モチベーションが高まるんです。

結局最後に自分を後押しするのは、こういう気持ちですよね。英語への愛を燃料にすれば、遥か遠くへ突き進めると思います。

Why don't we try

going above the rain clouds

instead of saying "Rainy days never stay"?

「止まない雨はない」と言うくらいなら、

雨雲の上に行く努力をしよう。

Epilogue

この本を手に取って頂き、そしてここまで読み進めて頂き
ありがとうございました。

語学学習のビギナーである自分が英語の教材のエピローグを書くのも
少し不思議な話ではありますが……
この本が皆様の英語学習に少しでも役立っていれば嬉しく思います。

この本の制作に向き合う中で、
「自分の言葉を英語にするとこういう表現になるのか……」
「日本語と英語では解釈がこうも違うものなのか……」
と思わせられることが多々あり、自分自身とても勉強になりました。

それとは反対に、
恋に落ちるという表現を、英語でも
I fall in love
と表すように、恋する瞬間に "落ちていく" という感覚を覚えるのは、
大陸を超えて万人の共通点なのだなという発見も、
自分自身にとって、とても面白いものでした。

夏目漱石はかつて、
"I love you" を
「月が綺麗ですね」と訳しました。

そこには日本語にしかない奥ゆかしさと国民性が如実に出ていると思います。

僕はこの逸話が日本語の美しさを表す端的な例として好きなのですが、
皮肉なことに、英語を学習し始めてから、
より一層母語である日本語の素晴らしさにも気付く事ができました。

英語教材としてももちろん、この本が皆様の、英語と日本語の表現の仕方の
違い、日本語との文法の違いへの理解が深まる一助になるようでしたら、
そして逆説的ですが日本語の素晴らしさにも併せて気付くきっかけとなれたら、
こんなに嬉しい事はありません。

僕自身勉強中の身として、語学学習はとにかく継続が大切だなと
痛感しております。

諦めたくなる事も多々ありますが……笑
諦めずに頑張るつもりですので、皆様も共に頑張りましょう！

最後にもう一度言わせてください。
ここまで読んでくださった皆様、本当にありがとうございました！

2021年4月　ROLAND

It's always important to
have a strong desire to reach your goal.

大切なのは、いつだって目的地にたどり着きたいという熱い気持ち。

A dream laughed at by others is
more worth having it come true.

人に笑われるくらいの夢のほうが
叶える価値がある。

You play the lead role in your own life.

自分の人生の主役は、自分。

ROLAND

1992年7月27日、東京都生まれ。ホスト、実業家。大学入学初日に退学、その後ホストを始め、歌舞伎町に数々の売り上げ記録を残し、「現代ホスト界の帝王」と称される。現役ホスト引退後は独立し、ホストクラブオーナー、メンズ美容サロン、アパレル事業のオーナーなど実業家としても活躍中。初となる著書『俺か、俺以外か。ROLANDという生き方』(KADOKAWA) は累計30万部を超える大ヒット (2021年1月時点)。また、自身のYouTube『THE ROLAND SHOW』はチャンネル登録者数80万人超 (2021年3月時点)。

OFFICIAL WEB SITE：https://roland-official.com
YouTube ：「THE ROLAND SHOW」
Twitter ：@roland_0fficial
Instagram ：@roland_0fficial

田中 茂範

慶應義塾大学名誉教授。PEN言語教育サービス代表。コロンビア大学大学院博士課程修了。NHK教育テレビ『新感覚☆キーワードで英会話』(2006年)、『新感覚☆わかる使える英文法』(2007年) の講師を務める。また、高校英語検定教科書の編集主幹、『Eゲイト英和辞典』(ベネッセコーポレーション) 代表編者を務めたほか、JICAで海外派遣される専門家への英語研修も担当するなど、多彩な活躍を見せる応用言語学者。『意外と言えない まいにち使う ふつうの英語 きほんの英語』(NHK出版) ほか著書多数。

Staff

編 集	鈴木 有加 (株式会社エディット)
本編執筆	井上えつこ、株式会社エディット
英文校閲	髙樋 文香、David Parmer
校 正	近藤 真弓 (株式会社エディット)
撮 影	上原 浩作
デザイン	株式会社ユニオンワークス

ROLAND ENGLISH
ローランド イングリッシュ
～心に刺さる名言で英語を学ぶ～
こころ さ めいげん えいご まな

2021年 5月 1日 第1刷発行

監 修	ROLAND ローランド
英語監修	田中茂範 たなかしげのり
発行者	吉田芳史
印刷所	図書印刷株式会社
製本所	図書印刷株式会社
発行所	株式会社 日本文芸社
	〒135-0001 東京都江東区毛利2-10-18 OCMビル
	TEL 03-5638-1660 (代表)

Printed in Japan
112210421-112210421 ⑩01 (330004)
ISBN978-4-537-21886-2
©ROLAND 2021
(編集担当：藤井)

内容に関するお問い合わせは、小社ウェブサイトお問い合わせフォームまでお願いいたします。
https://www.nihonbungeisha.co.jp/